AF140192

Daniel Beckers, 1986 in Mönchengladbach geboren, lebt seit 2008 in Aachen, wo er das
Studium des Rohstoffingenieurwesens absolvierte.
Während eines Auslandssemesters in Australien
im Jahr 2012 informierte er Familie und Freunde
in einem Blog über seine Zeit in Down Under. Die
positive Resonanz seiner Leser veranlasste ihn
dazu, über seine Erlebnisse am anderen Ende der
Welt ein Buch zu schreiben.

AUSTRALI-JA!

- Ein Semester auf den Kopf gestellt -

Daniel Beckers

Bibliografische Information der Deutschen Nationalbibliothek:
Die Deutsche Nationalbibliothek verzeichnet diese Publikation in
der Deutschen Nationalbibliografie; detaillierte bibliografische
Daten sind im Internet über http://dnb.dnb.de abrufbar.

© 2017 Daniel Beckers
Herstellung und Verlag:
BoD – Books on Demand, Norderstedt

ISBN: 978-3-738-60903-5

Einleitung

September 2012

Für ein Auslandssemester entscheidet man sich nicht mal eben. Ich zumindest hatte mich nicht spontan dazu entschieden. Es gibt Dinge im Leben, für die man sich etwas mehr Zeit nimmt und für die man den ein oder anderen Arschtritt mehr braucht, um sich dafür oder dagegen zu entscheiden. Ich bin jetzt sechsundzwanzig Jahre alt und hatte früher immer das Bedürfnis wenn möglich in der Nähe von zu Hause zu bleiben. In der elften Klasse, als viele ein Jahr oder wenigstens ein halbes in Übersee waren, wollte ich nicht einmal über so etwas nachdenken. Ich konnte doch nicht sechs Monate oder mehr ohne Mamas Essen überleben. Der Studienplatz, nein, ich muss sagen, der Studiengang, wurde unter anderem ausgesucht, weil er mit dem Zug innerhalb einer Stunde zu erreichen war (laut Fahrplan; schönen Gruß an die deutsche Bahn) und das Auslandssemester wurde schließlich in den letzten Jahren von mir immer damit abgetan, dass ich es niemandem beweisen müsse. Ich war mir sicher, kein Problem damit zu haben, mehrere Monate allein zu Recht zu kommen.

DANN TU´S DOCH!!!

Es ist keineswegs so, dass ich schlussendlich dazu überredet wurde oder dass man ewig auf mich einreden musste, ich habe mich letzten Endes aus eigenen Stücken dazu entschlossen. Trotzdem würde ich behaupten, dass ich fünfundzwanzig Jahre lang Tritte in den Hintern brauchte, um zu sagen: „Ja, ich gehe ein Semester weg." Raus aus meiner gewohnten Umwelt und dem warmen Nest und weg von der Gewissheit, wenn was weh tut nach Hause fahren zu können. Der letzte Arschtritt war dann die Tatsache, dass ich mich nicht alleine nach einem Auslandssemester erkundigen wollte und erst ging als ein Kumpel dabei war. Ich erkundigte mich bei „INAC industry and academy", einem jungen Unternehmen, welches als Spin-off an der RWTH Aachen entstand und fühlte mich gleich gut aufgehoben. Von nun an kam eines zum anderen.

Wann ist der erstmögliche Termin für ein Auslandssemester? – nächstes Frühjahr… welche Uni soll's sein? – *University of the Sunshine Coast*… welche Fächer sollen belegt werden? – eher fachfremde, um den Horizont zu erweitern…

Englischtest – BESTANDEN… Bewerbung an die Uni – ANGENOMMEN… Visum beantragt – BEKOMMEN!!

Ab dem Moment, an dem der Termin für das Auslandssemester feststand, hatte man kein anderes als eben jenes Datum mehr im Kopf. Die Tage wurden runter gezählt – noch einhundertzwanzig. Da hatte man noch ewig Zeit.

„Denkste!!"

Die Flüge wurden gebucht, die dank des schwächelnden Euros immer teurer werdende Semestergebühr überwiesen, es wurde sich via Internet ein Stundenplan zusammengestellt, zu Hause an der Heimatuni die letzten Prüfungen abgelegt und schon waren die einhundertzwanzig Tage rum.

Noch nicht ganz. An den letzten Tagen wurde sich noch von der Familie und von Freunden verabschiedet. Eine kleine Aufmerksamkeit hier, unterstützende Worte da und vor allem die Gewissheit, dass sich auch eine ganze Menge Leute auf meine Rückkehr freuen würde. Besonders Mama würde sich auf die Rückkehr freuen, war ihre größte Sorge doch, ich könnte mich in Australien verlieben – Mütter halt!

Die Tage wurden also wieder gezählt. Einhunderteinundsechzig sollten es dieses Mal sein. Ein Satz blieb mir von diversen Abschieden in den Ohren.

„Lass mal was von dir hören!"

Für all diese Leute und viele andere mehr schrieb ich einen Blog, der letztlich die Initialzündung sein sollte, für die Idee oder zu Anfang besser gesagt das Hirngespinst dieses Buch zu schreiben.

Stopover-Programm Singapur

Knapp fünfeinhalb Monate standen vor mir, an denen ich am anderen Ende der Welt sein würde. Einhunderteinundsechzig Tage, in denen ich auf mich allein gestellt sein würde. In gewisser Weise standen dreitausendachthundertvierundsechzig Stunden Abenteuer vor mir, von denen ich die ersten siebzehn auf Flughäfen und in Flugzeugen verbringen sollte. Die reine Flugzeit betrug circa dreizehn Stunden, gute sechs bis Dubai und dann knapp sieben bis Singapur. Was soll ich groß sagen, die Zeit verging wie... ok, den Witz verkneif ich mir!

Ich hatte millionen Dinge im Kopf, die in den nächsten Tagen, spätestens aber mit Ankunft in Australien vier Tage später, auf mich zukommen sollten.

Die nächsten Aufgaben waren erst mal keine Klausuren mehr, wohl aber vom Gefühl her damit zu vergleichen. Das Leben stellte einem jetzt die Herausforderungen. Finde dich am Flughafen Dubai zurecht und erreiche pünktlich den nächsten Flieger. Sammle dein Gepäck am Flughafen Singapur ein, fahre mit der örtlichen Bahn, der MRT, in die Innenstadt und finde das Hotel. Fliege drei Tage später weiter nach Australien und finde innerhalb der ersten sieben Tage eine feste Unterkunft – du hast nur eine Woche lang ein Bett im Hostel. Begib dich direkt dorthin, gehe dabei nicht über „LOS" und ziehe nicht 4.000 ein... hmm, schade.

Es standen also einige Hürden vor mir, mit denen ich aber durchaus fertig werden sollte. Außerdem nahm mir eine gute Portion Vorfreude die ein oder andere kleine Sorge, ob denn auch alles gut gehen sollte. Ich war ja nicht aus der Welt. Alles was ich zum Leben brauchte, gab es auch am anderen Ende selbiger.

Was den Flug ebenfalls angenehmer machte, war die Tatsache, dass ich einen Platz am Notausgang hatte und somit mehr als genug Beinfreiheit genoss. Nicht nur das. Direkt vor mir nahm beim Start eine durchaus kompetente Stewardess Platz und kam schnell mit … meinem Sitznachbarn ins Gespräch. Der Grund dafür war, dass sich beide zuvor schon einmal auf einem anderen Flug begegnet waren – was bei tausenden Flugbegleiterinnen und Flugbegleitern von *Emirates* schon ein Zufall ist – sich beide nun vage daran erinnerten und nun zusammen in ihren Erinnerungen kramten.

Er, alleinstehend, war sich sicher, dass das ein Zeichen ist und es das Schicksal gut mit ihm meinen sollte. Sie, welchen Beziehungsstatus sie auch immer inne hatte, machte eher den Eindruck, als ob es sich um schicksalhafte, wenn nicht sogar unglückliche, Fügung handelte und sie froh war als sie endlich den Saft vor sich her schubsen durfte. Nach einer Weile sollte auch ich mit … meinem Sitznachbarn ins Gespräch kommen. Für mich letztlich glückliche Fügung, da mir am Flughafen Dubai in der Lounge ein Bier spendiert wurde. Immerhin dieses Blonde war mir gegönnt.

Wenig später startete dann sein Anschlussflug nach Sri Lanka und ich ging ein bisschen im dubai… dubaischen… durch den Flughafen von Dubai, bevor nach zweieinhalb Stunden Aufenthalt auch mein Flug nach Singapur abhob.

Dort kam ich ohne besondere Zwischenfälle an und machte mich gleich, nachdem ich gefühlte zwanzig Sekunden auf meinen Koffer warten musste, auf den Weg die MRT zu suchen.

MRT gefunden… auch ein Ticket zu ziehen sollte nun doch kein Problem sein… oder doch? Kaum in Singapur angekommen wurde mir auch schon die erste Ereigniskarte untergejubelt. Da ich mich mit dem Automaten nicht abgeben wollte, ging ich zum Kassenhäuschen. Pustekuchen, ich MUSSTE mich mit dem Automaten abgeben. Einzeltickets gab es nur dort. Umgedreht, zum Automaten, kurz geguckt was die anderen so machen und ab dafür… nicht ganz. Der Automat nahm nur Fünf-Dollar-Scheine und Münzgeld an, was ich beides noch nicht im Portmonee hatte. Also wieder um hundertachtzig Grad gedreht, zu einem zweiten Kassenhäuschen getingelt, Geld gewechselt, wieder zurück zum Automaten, Karte gezogen und die erste und fast einzige Hürde in Singapur war genommen.

Ich saß im Zug, der mich direkt in die Innenstadt bringen sollte und konnte ein erstes Mal kurz verschnaufen. Ich stellte mein Handy an und fiel direkt auf. Jedoch keineswegs aus dem Grund, dass ich ein Mobiltelefon bei mir hatte. Zehn Jahre zuvor wäre das womöglich noch der Grund gewesen. Heute aber fiel ich auf, da mein Handy zehn Jahre alt war. Jung und Alt, Klein und Groß, Männer wie Frauen, alle liefen sie mit ihren Smartphones herum. Während der Zugfahrt spielten sie, telefonierten, hörten Musik und guckten Filme. Manche auf kleinen Handys und andere auf Tablet-PC´s. Jeder aber war irgendwie beschäftigt. Ich wollte lediglich Mesud anrufen. Mein Ansprechpartner von INAC, der sich zum Stopover-Programm ebenfalls in Singapur aufhielt. Zu meiner Überraschung hatte ich bereits eine SMS von Mesud bekommen. Er würde mich am Flughafen abholen… Schade Mesud! Da war die MRT wohl schneller. Ich fand den Weg ins Hotel allein, traf dort kurz darauf einen Teil der anderen Studenten und das Programm in Singapur begann.

Der erste Tag, der Sonntag, war noch sehr ruhig. Firmentermine waren erst für die beiden kommenden Tage vorgesehen, sodass Mesud uns Studenten zunächst einmal durch Singapur führte und uns wichtige öffentliche Einrichtungen zeigte. Er brachte uns zur Stadtbibliothek, in der für uns ein Lernen zunächst mal völlig unmöglich gewesen wäre. Eine riesige Fensterfront mit der entsprechenden Aussicht dahinter hätte uns jegliche Konzentration genommen, die wir gebraucht hätten, um uns auf Bücher zu konzentrieren. Von der Aussicht noch immer beeindruckt ging es weiter zum „Marina Bay District" und schließlich in die Stadt unter der Stadt.

Man stelle sich ein großes Einkaufszentrum vor, was inzwischen in vielen deutschen Regionen zu finden ist, dann stelle man sich zusätzlich noch ein großes Einkaufszentrum vor UND dann noch ein großes Einkaufszentrum. Mir sind die Daten nicht genau bekannt, aber ungefähr dann hat man eine Vorstellung was da im Untergrund Singapurs abgeht. Auf mehreren Etagen konnte man die komplette Stadt auch unter der Erde erkunden. Alle bekannten Marken waren vertreten und überall gab es „Foodcourts", wo man frisch zubereitetes Essen bekam.

Der Einstieg in das Vorhaben Auslandssemester war gelungen. Man war in einem fremden Land, weit weg von zu Hause, war mit Leuten zusammen, die man vorher noch nie gesehen hatte, aber man fühlte sich von Anfang an wohl.

In erster Linie waren wir in Singapur um Firmen und Universitäten zu besuchen. Auf dem Programm standen in den nächsten beiden Tagen *Contact Singapore*, *Bosch*, die *SUTD* (*The Singapore University of Technology and Design*) und die *NUS* (*National University of Singapore*). Contact Singapore, eine Art Unterorganisation der singapurischen Agentur für Arbeit, gab uns zum einen in einer kleinen Präsentation einen Überblick über alle wichtigen Daten und Fakten des Landes, während uns ein Ausblick, den „normale"

14

Touristen nicht bekommen würden, von der Präsentation ablenkte. Die Ansicht von Marina Bay und Teile der Formel-1-Strecke nahm uns die Aussicht auf Insiderinformationen. Firmen und Universitäten wurden von Wolkenkratzern in den Schatten gestellt und so rückte „in erster Linie" in die zweite Reihe. Nicht dass es uninteressant war Einblicke in die Wirtschaft Singapurs zu bekommen. Genauso wenig war es uninteressant zu sehen, was an Universitäten möglich ist wenn viel, viel Geld investiert werden kann. Dennoch waren Klassenräume mit zig Beamern, Smart-touch-schnick-schnack-was-weiß-ich-was-alles-Geräten und allerhand innovativen Dingen weniger reizvoll als die Freizeit, die dann doch noch etwas mehr für sich hatte.

Wir klapperten weite Teile Singapurs mit der MRT ab, fuhren bis *Marina Bay*, shoppten auf der *Orchard Road*, fuhren rüber zu *Sentosa Island* und machten *Little India* ein wenig unsicher – Ok, vielleicht machte Little India mit seiner ganz eigenen Welt den einen oder anderen von uns etwas unsicher. An keinem einzigen Bahnsteig mussten wir länger als fünf Minuten warten. Egal wo, egal wann, war einem der Zug gerade vor der Nase weggefahren kam kurz darauf der nächste. Dank unserer „Locals" vom INAC-Team hatten wir auch keine weiteren Schwierigkeiten am Fahrkartenautomaten. Sonst nur Einheimischen vorbehalten hatten nun auch wir Fahrkarten, die wir aufladen konnten und brauchten so keine Einzeltickets zu ziehen, was damit verbunden gewesen wäre, vor jeder Fahrt die alte Karte in den Automaten zu schieben, dafür Pfand zurückzubekommen, das neue Fahrtziel auszuwählen, Geld einzuschmeißen (Achtung, nur Kleingeld) und die neue Karte (wo wieder Pfand drauf war) aus dem Automaten zu nehmen… und das mit sieben Leuten… und dreimal umsteigen. In der Zeit wären neun Züge vor unserer Nase weggefahren.

Zwischendurch stärkten wir uns erneut in den örtlichen Foodcourts und mir wurde immer klarer, dass mein anfängliches Problem mit dem Fahrkartenautomaten nicht meine einzige Hürde bleiben sollte. Obwohl die Amtssprache in Singapur Englisch ist, waren viele Leute schwer zu verstehen. Bestellte man in den Foodcourts etwas zu essen wurde man gleich gefragt:

„Teekaaa?!"

Wie bitte? Was wollte man mir sagen? Oder war es eine Frage?

„Pardon?"

In der Hoffnung der Gegenüber würde es beim zweiten Mal etwas deutlicher aussprechen, kam mir ein weiteres Mal entgegen:

„Teeek aaaa?"

Immerhin glaubte ich jetzt tatsächlich eine Frage herauszuhören. Was man allerdings von mir wissen wollte, war mir weiterhin unklar. Ich versuchte es ein letztes Mal:

„Sorry?"

„Teeek aaaa?"

„yes", antwortete ich selbstbewusst und wartete was passierte. Man packte mir meine eben bestellten gebratenen Nudeln in einen Styroporteller, diesen in eine Plastiktüte und mir wurde bewusst, dass „teeek aaaa?" die Frage danach war, ob ich es zum Mitnehmen haben wollte, also „take away".

Auch diese Hürde war genommen und die Tage in Singapur gingen schnell zu Ende. Nach drei Tagen war es schließlich soweit. Ich machte mich ein letztes Mal mit der MRT auf den Weg. Am *Changi Airport*, wo ich bereits beim Einchecken auf deutsche Studenten traf, machte ich mich auf zu meiner vorerst letzten Etappe.

Auf ging es nach Australien!

Unterkunft in Australien

Um ein Uhr zehn war es soweit. Ich betrat australischen Boden.
Ein kleiner Schritt für die Menschheit, ein großer Schritt für mich. Wobei, so groß waren die ersten Schritte nicht. Da der erste Shuttlebus erst um sechs Uhr Richtung Sunshine Coast aufbrechen sollte, musste ich gezwungenermaßen noch gute vier Stunden am Flughafen von Brisbane verbringen.

Aber der Reihe nach:

Man ließ mich ohne Probleme ins Land rein…

"Any food in your baggage?"

„NO"

"Sure? No German sausages?"

„NO…I´m sure!"

… und ich war drin.

Anschließend brach ich den erst in Singapur aufgestellten Rekord im Koffer holen um Längen. Ich konnte geradewegs auf mein Gepäckstück zugehen und es vom Band runternehmen, sah aber dann, dass ich den schnellen Koffertransport von Flugzeug zum Kofferband teuer bezahlen musste. Der neue Hartschalenkoffer hatte einen etwa sieben Zentimeter langen Riss. Was tun mitten in der Nacht?! Nachdem ich mich mit den deutschen Studenten, die ich zuvor beim Check-in in Singapur kennengelernt und mit denen ich mir dann auf dem Flug das ein oder andere Gläschen gegönnt hatte, in die Ankunftshalle begab, ließ ich mir am Informationsschalter eine E-Mail-Adresse der Fluggesellschaft geben und das war es erst einmal.

Ich hatte zunächst andere Gedanken im Kopf, als einen Riss in einem Koffer, den ich erst in fünf Monaten wieder brauchen würde, zu reklamieren. Ich musste in der folgenden Woche eine Unterkunft suchen. Meine Unterkunft für diese erste Nacht sollte wie erwähnt der Flughafen sein. Die anderen wurden abgeholt, ich schaute ihnen noch neidisch hinterher und schlug dann die Zeit tot. Ich ging mir die Zähne putzen, kaufte mir etwas zu trinken, staunte dabei zum ersten Mal über die australischen Preise und hatte immerhin schon mal dreizehn Minuten hinter mich gebracht. Der letzte Rest des Lap-top-Akkus ging für Windows-Spielchen drauf, ich spazierte ein bisschen hin und her und legte mich dann schließlich doch noch für eine gute Stunde hin, um ein wenig Schlaf abzubekommen. Selbstverständlich nachdem ich den Koffer geradezu an mich festgekettet hatte. Wie gut hatte ich noch Mamas Worte in den Ohren:

„Und pass immer auf dein Gepäck auf; lass es nicht aus den Augen!"

Als es draußen begann hell zu werden, hatte ich allerdings nicht wirklich geschlafen. Müde war ich aber auch nicht. Ich hatte noch immer eine gehörige Portion Vorfreude in mir und war dementsprechend aufgeregt, ob denn in den nächsten Tagen auch alles so verlaufen sollte, wie ich mir das wünschte. Der Bus kam an, sammelte mich ein und ich war auf dem Weg zur Sunshine Coast, mein zu Hause für die kommenden vier Monate.

Um sieben Uhr kam ich schließlich am *Mooloolaba Backpackers* an. Dort bekam ich zunächst ein umfangreiches Frühstück (Toast, Marmelade, Erdnussbutter, Milch), musste mich dann aber noch bis halb eins gedulden, da ich erst gegen Mittag in mein Zimmer konnte. Aber auch die Zeit ging vorbei und ich bekam zu Gesicht wo ich für die nächsten sieben Tage „wohnen" würde! Ein Zimmer, zwei Etagenbetten und drei andere Mitbewohner, die teilweise schon seit Monaten da waren – RESPEKT! Ich musste mich erst einmal daran gewöhnen.

Aber hey… "easy going".

Es ging ja nur darum für die ersten Tage ein Dach über dem Kopf zu haben. Irgendwie sollte ich die erste Woche in Australien schon rumkriegen. Ok, die ersten beiden Tage waren jetzt nicht sooo prickelnd. Es war mega warm im Zimmer, der Ventilator direkt neben meinem Kopfende lief vierundzwanzig Stunden am Tag und einer der Zimmerkollegen lebte irgendwie in seiner eigenen Welt, was mir ehrlich gesagt etwas suspekt war. Er tigerte nachts im Zimmer auf und ab, schmiss währenddessen Sachen auf den Boden, schlief eine Nacht sogar auf dem Klo (immerhin war er in der Nacht nicht im Zimmer) und war am dritten Tag verschwunden. Ab da waren die Nächte wesentlich angenehmer und ich konnte zumindest ein wenig Kraft für die ersten Unitage und vor allem für die Wohnungssuche schöpfen.

Vom Hostel aus musste ich zur Uni rund fünfzehn Minuten mit dem Bus fahren. Hört sich im ersten Moment nicht so schlimm an, nur konnte von Regelmäßigkeit im Fahrplan überhaupt keine Rede sein. Halb acht, zehn vor zehn, dann zwei innerhalb von zehn Minuten und dann wieder zwei Stunden keiner. Was hatte ich mich nach der MRT gesehnt. Aber nix MRT, die Gegenwart hieß *Translink* und kostete für die angesprochene Strecke fünf Dollar zwanzig (eine Strecke). Wie gut, dass man als Student Ermäßigungen bekam.

An dieser Stelle richte ich einen Gruß an den Ansprechpartner der Uni für internationale Studenten, Brett Franklin:

„For a haircut…you get concession, visiting Movie Park, you get concession, renting this and that, you get concession… and NO, you get no concession at McDonald´s."

Ich bekam aber nicht nur Ermäßigung, ich bekam von der Uni sogar eine *Translink-Go-Card* mit fünfundsechzig Dollar Guthaben – die Studiengebühren schienen sich ja doch zu lohnen – die ich dann am zweiten Tag beim Aussteigen fast im Gulli versenkt hätte… FAST, „no worries!"

Wenn ich nicht in der Uni war, war ich auf der Suche nach einer Wohnung. Bei dieser Suche beschränkte ich mich allerdings auf die direkte Umgebung der Uni, um zu Fuß dorthin kommen zu können, was die ganze Sache nicht einfacher machte.

Wo ich laut Internet freie Zimmer vermutete, klingelte ich einfach mal an der Tür, ich rief hier und da an und hatte im Hinterkopf immer Plan B, doch noch in die teure Studentenunterkunft zu ziehen. Es war nicht so, dass ich keine andere Unterkunft gefunden hätte, aber so hundertprozentig entsprachen die Möglichkeiten nicht denen, die ich mir vorgestellt hatte. Bei einer Familie mit kleinem Kind oder einer alleinstehenden Frau war die Chance nicht allzu groß, dass ich schnell viele andere junge Leute kennenlernen würde. Ich wollte wenn möglich schon von anderen Studenten umgeben sein und griff dann eben doch auf jenen Plan B zurück.

Eine Woche nach Ankunft in Australien zog ich ins *Varsity* ein. Ganz zu schweigen von hunderten Studenten in unmittelbarer Nachbarschaft waren ein Australier und zwei Schwedinnen mit mir im

Appartment und das australische Studentenleben konnte beginnen.

Wetter an der Sunshine Coast

Ich kam Mitte Februar in Australien an der Sunshine Coast an. Davon dass um diese Zeit auf der südlichen Halbkugel Sommer herrschte, war nichts zu merken. Zudem war es etwas leichtsinnig zu glauben, dass es an der Sunshine Coast meist sonnig ist. Für die ersten Wochen hieß es jedenfalls, sich zunächst einmal daran zu gewöhnen, dass es regnete. Immerhin an den zwei Tagen, an denen ich viel unterwegs gewesen war, um mir meine Unterkunft zu suchen, war es sonnig. Was das hieß, wurde mir dann auch direkt bewusst. Wenn denn dann die Sonne mal draußen war, war es auch direkt extrem heiß. In dieser Hitze war ich dann den Mittag über durch die Straßen gelaufen und hatte mir Wohnungen angeschaut. Bei einer angekommen, guckte mich der Vermieter völlig verdutzt an:

„Du bist zu Fuß hier hingekommen?! Aber so Temperaturen ist man in Deutschland doch überhaupt nicht gewohnt?! Ich fahr dich gleich zurück zur Uni!"

Dass ich dieses Angebot zunächst ablehnte, hatte wohl damit zu tun, dass meine Schweißdrüsen, gerade im klimatisierten Haus angekommen, kurzzeitig nicht ganz auf Betriebstemperatur waren. Das Angebot gerade noch mit:

„Ach was, ist doch kein Problem, ich bin gut zu Fuß!",

abgelehnt, stand ich im nächsten Moment Schweiß gebadet da und willigte ein, als er mir ein zweites Mal den Vorschlag machte, mich an der Uni abzusetzen.

Dass mir aber diese Hitze lieber war als Regen wurde mir spätestens in den darauffolgenden Tagen bewusst. Drei Tage lang regnete es nur. Und wenn ich NUR sage, meine ich auch, dass es NUR GESCHÜTTET hat. Eines der ersten Dinge, die ich in Australien erwarb, war, und jetzt gut festhalten, ein Regenschirm. ABER, ich bin in kurzen Hosen und mit Flipflops durch den Regen gelaufen. Die Laune sollte man sich doch durch ein paar Regentropfen nicht vermiesen lassen. Auch der erste Poolbesuch fiel deswegen im wahrsten Sinne des Wortes ins Wasser.

Wie um die Regentage auszugleichen, holte ich mir beim ersten Sonnenstrahl auch gleich meinen ersten Sonnenbrand. Konnte ja nicht sein, dass ich zu diesem Zeitpunkt seit zehn Tagen im Land war und bislang keinen Sonnenbrand gehabt hatte. Es dauerte aber nicht lange, da war dieses kleine, sonnige Intermezzo schnell wieder Geschichte.

Es folgte ein weiteres Wochenende, an dem die Anwesenheit an der Sunshine Coast eher einem „Rainfall" glich und die Küste zur „Rainfall Coast" wurde. Was tun!?

Schnell ein paar Sachen gepackt, ab zum Flughafen und mal eben nach Melbourne. Dort billig in einem Hostel untergekommen und ab in den „Albert Park" zum

Formel-1-Auftakt in der sonnendurchfluteten Metropole im Süden Australiens…

Es wäre sicher die coolere Variante gewesen. Aber definitiv auch die teurere. Das war es mir dann doch nicht wert, sodass ich den Plan schnell wieder verwarf. Was habe ich also gemacht? Ich habe ein weiteres verregnetes Wochenende an der SUNSHINE Coast verbracht und mir auf der Couch das Formel-1-Rennen in Melbourne angeguckt. Wenigstens musste ich dafür mal nicht um sechs Uhr morgens aufstehen.

Eines Morgens hingen weiterhin dicke Wolken über der Uni und es regnete. Zu aller Erstaunen aber nur leicht. Leicht allerdings nur im Verhältnis zum kommenden Nachmittag. Da erfuhr ich dann, dass es noch stärker regnen konnte. Es war der Wahnsinn! Jedes Mal, wenn man dachte: „WOW, jetzt gießt es aber in Strömen!", wurde es zehn Minuten später einfach noch mehr. In dieser Zeit „fuhr" man an der, ich kann es nicht oft genug betonen, Sunshine Coast, besser wenn man kein Auto hatte.

Eine Mail der Uni bewies dies am besagten Nachmittag:

„Dear students,

with the current heavy rainfall the water is rising in car park 4. If your car is currently parked in this car park you might want to check that your car is still accessible."

Auf Deutsch: Das Schwimmtraining der Unimannschaft konnte kurzerhand auf Parkplatz 4 verlegt werden, der Pool war überflutet.

Eine Sache wurde mir klar: In Deutschland würde ich bei Regen und ähnlichen Temperaturen die gechillteste Person sein, die über die Straße läuft. Flip-Flops an, Regenschirm weg, der nutzt dann sowieso nichts mehr und…"easy going"…"no worries"!!

Es dauerte gut sechs Wochen bis es dann endlich vollbracht war. Nachdem ich mich zwar zwei Wochen zuvor schon mal kurz in die Fluten gestürzt hatte, konnte ich jetzt endlich behaupten, den ersten Strandtag gemacht zu haben. Naja, zumindest einen halben. Gegen Mittag zog es wieder zu und es gab einen kräftigen Regenschauer. So ganz ohne ging es dann eben doch noch nicht. Über einen Strandtag lässt sich eigentlich nicht viel erzählen, in diesem Fall stimmte aber, neben dem guten Wetter am Vormittag, das Rahmenprogramm. Die Weltelite des Triathlons war an diesem Wochenende zu Gast und sorgte für großes Spektakel. Davon, dass die Athleten zwei Tage zuvor noch in Mooloolaba´s Straßen hätten schwimmen können, war nichts mehr zu sehen. Es war irre, welche Wassermassen der Boden aufnahm. In den Nachrichten wurde von vierhundert Litern Regen pro Quadratmeter gesprochen. Das allein ist schon eine Hausnummer. Dass diese Menge innerhalb von sechs Stunden runterkam, war die absolute Krönung. Hatte man achtundvierzig Stunden zuvor noch knietief im Wasser gestanden, fuhren die Sportler jetzt wieder mit ihren Fahrrädern durch die Stadt.

Nicht nur die Innenstadt war zuvor von den Fluten betroffen. Für einen Tag bestand sogar die Gefahr, dass die Uni wegen zu starker Regenfälle ausfallen würde, da die Wege zur Uni unpassierbar waren. Am nächsten Morgen war der Regen jedoch in der vorangegangenen Nacht „leider" nicht so schlimm gewesen wie befürchtet. Die Uni fand ganz normal statt und dahinwaten musste ich auch nicht mehr. Tags zuvor noch war die Brücke, die zur Uni und durch ein kleines Sumpfgebiet führte, überflutet und ich zu optimistisch gewesen. Ich hatte gedacht irgendwie mit einem Schritt durch den überfluteten Abschnitt zu kommen, saß anschließend aber mit überfluteten Schuhen in der Uni. Wie erwähnt sind Flip-Flops das beste Schuhwerk für dieses Wetter wenn man „trockenen" Fußes von A nach B kommen möchte.

Mit der Zeit wurden die Wetteraussichten aber besser. Pünktlich zum zweiwöchigen „mid-semester-break" schien die Sunshine Coast wirklich zur Sonnenscheinküste zu werden. Ich entschied mich, meinen ersten freien Tag am Strand zu verbringen. Um acht Uhr dreißig ging der Wecker. Ein erster Blick aus dem Fenster – strahlend blauer Himmel! ENDLICH!! Gefrühstückt, fertig gemacht, schön die dreißiger Sonnencreme drauf, ein paar Sachen gepackt und um neun Uhr fünfundvierzig ging es los zur Bushaltestelle – bei völlig grauem Himmel. Was zum Teufel…?! Mir war es egal. Während die anderen noch in der Uni hockten, wollte ich an den Strand. Je näher man zum Strand kam, desto nasser waren die Straßen. Die Menschen spannten teilweise ihre Regenschirme auf und keine zehn Minuten später, als ich aus dem Bus ausstieg, brach die Sonne wieder durch die Wolken. Perfekt!

Bis zum Mittag blieb es auch sonnig, ehe sich der Himmel wieder zuzog und innerhalb einer knappen Stunde drei Regenschauer runterkamen. Dieses Mal blieb es aber tatsächlich bei Schauern. Die ersten beiden ignorierte ich noch auf dem Handtuch liegend, nachdem ich einen kurzen geschulten Blick in den Himmel geworfen hatte. „Das dauert keine zehn Minuten", dachte ich und winkte allen anderen vom Strand flüchtenden Leuten hinterher.

„Lauft nur weg, dann hab ich den Strand für mich alleine!", rief ich in Gedanken. Nur ein Kerl wollte einfach nicht gehen. Erst beim letzten, kräftigsten Schauer gab er auf... parallel mit mir.

Es sollte das letzte Mal sein, dass ich wegen Regens vom Strand flüchtete. Die komplette erste Woche des mid-semester-breaks gab es blauen Himmel und Sonnenschein. Früh morgens ging es mit dem Bus zum Strand und am späten Nachmittag wieder zurück. In der Zwischenzeit gab es nichts anderes als Sonne, Sand und Wellen und im Anschluss daran jeden Abend ´ne andere. Ein Leben woran man sich schnell gewöhnen konnte. Allerdings auch ein Leben, das ungeschützt auf

Dauer nicht ganz gesund ist. Jeden Tag war eine andere Stelle des Körpers der extremen Sonneneinstrahlung ausgesetzt. Fünfzehn Minuten ohne Sonnenschutz und der Sonnenbrand war da. Ein ganzer Tag am Strand und die dreißiger Sonnencreme ist ein Minimum an Pflicht. Liegt man zu lang auf dem Bauch, ist der Rücken rot. Dreht man sich tags drauf zu lange auf den Rücken, bekommt es der Bauch ab. Dann war es mal der Hals und schlussendlich das Gesicht. Wie man sich nach mehrtägigem Sonnenbad dann plötzlich den Sonnenbrand im Gesicht holt, blieb mir ein Rätsel, ich hatte es auf jeden Fall geschafft.

Aber „no worries", es blieb bei einem leichten Sonnenbrand. Auch wenn ich nicht wusste, wie man das Sonnenbaden taktisch angehen sollte, eine Erfolgsformel kannte ich nach einer Woche:

Ein wenig rot + after sun + einmal schlafen = BRAUN

Das Leben in Down under

Gewiss gab es in Australien, insbesondere an der Sunshine Coast, den einen oder anderen Regentropfen mehr als im heimischen Deutschland. Der Ärger darüber verflog aber schlagartig sobald die Sonne am Himmel stand. Ich fühlte mich gleich von Beginn an wohl und hatte auch am anderen Ende der Welt einen ganz normalen Tagesablauf. Aber wieso sollte das auch anders sein? Ich hatte ein Dach über dem Kopf, ich konnte ganz normal am Herd kochen und musste mir nicht erst eine Feuerstelle suchen, der Tag hatte vierundzwanzig Stunden und verständigen konnte ich mich auch. Es war also keineswegs so, dass ich mich, im Appartement angekommen, erst einmal eingewöhnen musste. Im Gegenteil, es lief quasi alles wie von selbst. Im Backpackers noch mit Dosenspaghetti über die Runden gekommen, machte ich in meinem neuen zu Hause gleich nach dem ersten Einkauf Dinge, die ich noch nie zuvor gemacht hatte. Wie selbstverständlich schnitt ich frisches Gemüse in die, ok erwischt, fertige Tomatensoße, benutzte den Backofen und kreierte mir aus den Zutaten im Kühlschrank eine Sahnesoße. Zu meiner Verwunderung schmeckte sogar alles, was ich ausprobierte.

Abgesehen von den kulinarischen Ergüssen, die mich gelegentlich überkamen, war das Leben aber ganz normal. Von zu Hause mitgebrachte Gewohnheiten fanden auch in Australien ihren Platz. Die T-Shirts hatten im Kleiderschrank ihr eigenes Fach, die Hosen lagen im Fach darunter und die Socken im Fach darüber. So war es am ersten Tag und so war es auch noch am letzten. Das Brot, die Nudeln und der Reis hatten ihren festen Platz im Küchenschrank, die Eier standen rechts im Kühlschrank, die Melone lag links und nach jedem Essen wurde spätestens am nächsten Morgen das Geschirr abgewaschen. Vielleicht fühlte ich mich auch deswegen von Anfang bis Ende wohl. Damit der Kühlschrank immer voll war, musste man natürlich regelmäßig einkaufen gehen. Mein Einkaufstag war der zweite Tag der Woche. Jeden Dienstagvormittag ging ich zum zwanzig Minuten entfernten Woolworth´s. Ich hätte auch abends mit einem kleinen Busshuttle fahren können, welcher von der örtlichen Kirche angeboten wurde und es so den Studenten erleichterte ihre Einkäufe zu erledigen. Warum ich dann doch jedes Mal zu Fuß ging, war Folge einer weiteren Gewohnheit, die mit der Zeit Einzug hielt. Der Dienstag war der „cheapy tuesday" von *eagle boys*, einer australischen Pizzakette. Für sechs Dollar bekam man eine Pizza, die zum einen schmeckte und zum anderen das Portmonee schonte. Da diese Kette ebenfalls am Woolworth´s zu finden war, musste man eigentlich davon ausgehen, dass es praktisch war den Einkauf mit dem Abendessen zu verbinden. Unpraktisch war aber, dass man dann die frischen Lebensmittel erst einmal eine ganze Weile bei überwiegend warmen Temperaturen in der Tasche hatte. Ebenso unpraktisch war es, die Pizza mit samt den Einkaufstüten, wovon man reichlich bekam, wieder im Bus mit zurückzunehmen. Erstmal war es umständlich, da man einfach nur zwei Hände hatte, um mehrere Tüten und Pizza zu tragen, dann musste man einen Platz im Bus bekommen und schließlich musste man beides miteinander vereinbaren und sich in den Bus quetschen. Wenn man dann doch all diese Probleme überwunden hatte, war die Pizza, zu Hause angekommen, nur noch lauwarm. Ich kaufte also die frischen Dinge morgens ein, ging daraufhin in die Uni und machte mich abends nur noch auf den Weg die Pizza zu holen. Die ganze Sache spielte sich so ein, dass man letztlich mit dem Bus hinfuhr, von der eagle boys-Bedienung mit Namen begrüßt wurde, die Pizza bestellte, ganz eventuell schnell noch im „Woolies" ein paar Kleinigkeiten kaufte, die Pizza abholte und vor Ort verzehrte. Wenn man dann noch Glück hatte, kamen andere Studenten, die man nach und nach kennengelernt hatte, mit dem Auto vorbei und nahmen einen mit zurück in die Studentenanlage.

Man lernte mit der Zeit so viele Leute kennen, dass dieser Glücksfall immer häufiger eintrat. Überhaupt war das Kennenlernen der Leute der größte Glücksfall. Es war mit das Beste am ganzen Semester, dass man schließlich mit einer Unmenge an Leuten aus aller Herren Länder befreundet war. Eines Tages verbrachte ich einen gemütlichen Abend mit Leuten, die ich erst am Tag selber kennengelernt hatte. Alles was ich dafür tat, ich schloss mich einem Beachvolleyballspiel an. Bekam dann die Einladung später beim Barbecue vorbeizukommen und verbrachte den Abend mit fünfzehn Leuten aus dreizehn verschiedenen Ländern.

Kanada, Äthiopien, Zimbabwe, Südafrika, Irak, Saudi-Arabien, Libanon, Jordanien, Frankreich, Schweden, Australien, Japan und eben Deutschland. Eine absolut bunte Mischung und ein absolut lustiger Abend, der in Erinnerung bleiben sollte. Überhaupt war es nach einiger Zeit in Australien kein Problem mehr Leute zu finden, mit denen man zu später Stunde einfach mal in ruhiger Runde quatschten konnte. Immer häufiger landete ich dabei bei meinen Freunden aus dem mittleren Osten. Gemeinsam wurde Wasserpfeife geraucht und über Gott und die Welt erzählt. Der Kontakt mit den Arabern hatte zur Folge, dass ich eines Tages für zwei Stunden zu Scheich „Danil bin Beckesh al M´Gladback" mutierte. Erst zog ich spaßeshalber ein Gewand an und ein Tuch über den Kopf und dann hatte man die Idee, man könnte mich ja mit lauter, arabischer Musik durch den Ort und mal eben zur Uni kutschieren. Wir fuhren zum Sportplatz der Uni, wo ich dann meinen großen Auftritt haben sollte. Ein südafrikanischer Kumpel kam ums Auto herum, öffnete mir die Tür und wies den Fahrer hinter uns gleich mit einem Handzeichen darauf hin kurz stehenzubleiben. Als dieser mich aussteigen sah, nickte er verständnisvoll mit dem Kopf und ich konnte ungehindert die Straße überqueren. Ich ging kurz zu den Jungs beim Fußballtraining, von denen ich auch einige kannte, begrüßte sie mit einem kurzen „hallo" beziehungsweise „salam" und konnte mir das Lachen letztlich nicht verkneifen. Die meisten erkannten mich… dachte ich. Wochen später war einer derer aber völlig überrascht, als ich ihm sagte, dass ich der Scheich war, der ihn anrempelte und begrüßte.

Irgendwann hatte man im gesamten Studentendorf Anlaufplätze, wo man abends einfach mal vorbeigehen und mit verschiedenen Leuten quatschen konnte. Ebenso wenig war es nach einer Weile ein Problem wenn man feiern gehen wollte, aber nicht wusste wer mitkommen würde. Unser „Feiertag" war der Donnerstag und man konnte ohne große Sorgen, man könnte alleine sein, ins *Friday´s* fahren. Das Friday´s war ein Club, in den man ging, weil man freien Eintritt hatte, es auch hier einen Shuttlebus gab und es einfach keine Alternative gab. Bezeichnend ist, dass die Erinnerungen an viele lustige Abende von einer speziellen Erinnerung übertrumpft werden. Da ich nicht weiß, wie ich es beschreiben soll, sei es der Fantasie eines jeden überlassen sich vorzustellen, wie es riecht wenn in einem Club im Thekenbereich Teppichboden verlegt ist. Bevor man sich aber von der Fehlfunktion jeglicher Teppichreiniger überzeugen konnte, musste man noch am Türsteher vorbei, welcher von jedem den Ausweis sehen wollte. Besser gesagt, er wollte den Führerschein sehen. Mit einem Personalausweis konnten sie nicht viel anfangen, sowas hat man und kennt man demnach in Australien nicht. Nachdem ich den Personalausweis also wieder eingesteckt hatte, zog ich meinen Führerschein raus und gab diesen dem Türsteher. Erst guckte er, selbstverständlich nicht ohne die Wichtigkeit seines Jobs und seine überquellende

Souveränität zum Ausdruck zu bringen, fragend auf den Führerschein und dann in mein Gesicht.

„What´s that?"

„Ein deutscher Führerschein!", antwortete ich in Englisch.

Nun wollte der Gute auch noch eine Bankkarte haben, um den Namen nochmal abzugleichen. Warum ein Lichtbild nicht reicht, um jemanden zu identifizieren weiß ich nicht. Möglich, dass man mich auf meinem acht Jahre alten Führerschein nicht erkannte, aber dafür hatte ich ihm ja den frisch gedruckten, drei Monate alten, Personalausweis gegeben, den er nicht wollte. Dann wurde noch ein Foto von dem Ausweis, beziehungsweise dem Führerschein, gemacht und es wurde einem ein schöner Abend gewünscht… „jaja, danke!"

Man ging die Treppe hoch, welche auch schon mit Teppichboden bedeckt, aber wohl mit wesentlich weniger Getränken überdeckt war, steuerte zur Theke, holte noch einmal tief Luft, hielt sie an, bestellte schnell zwei Wodka-Cola, exte diese und hoffte der Alkohol würde direkt ein paar Riechzellen absterben lassen. Ein erster Atemzug an der Theke… falsch gehofft. Mit zwei weiteren Kaltgetränken ging es dann weiter in eine andere Ecke des Ladens, wo sich der Geruch in einem erträglichen Rahmen hielt. Wenn man nicht schon im Shuttlebus, in der Schlange vor dem Friday´s oder auf dem Weg zur Bar bekannte Gesichter getroffen hatte, entdeckte man spätestens jetzt Freunde und der Abend konnte wieder international gefeiert werden. Mittendrin auch immer die Australier, von denen im Zweifel immer welche vor Ort waren.

Einen besonderen Reiz bekam das Zusammenleben mit den internationalen Studenten, zumindest jenen aus Europa, als die Fußball-Europameisterschaft anstand. Mitunter gab es unter Umständen ein paar Differenzen, die sich aber selbstverständlich durchweg auf ironisch-spaßiger Ebene abspielten. Gegen die zwei Holländer, die ebenfalls auf der Anlage wohnten, waren wir klar in der Überzahl, gegen Franzosen gab es keinen direkten Vergleich und Italiener sowie Spanier gab es zum Glück gar nicht. Aber der Reihe nach:

Es standen einige Wochen vor uns, in denen wir regelmäßig mitten in der Nacht aufstehen mussten. Bereits vor der Fußballeuropameisterschaft trainierten wir das frühe Aufstehen und trafen uns mit Norwegern, Schweden, Franzosen und sogar einigen Australiern, um per Live-Stream den Eurovision Song Contest zu gucken. Was anfangs als Scherz vorgeschlagen wurde, fand letztlich erstaunlich viel Zuspruch. Um acht Uhr morgens Ortszeit stand Schweden als Sieger fest und wir mussten erst einmal etwas Schlaf nachholen. Praktisch, dass man das an den Strand verlegen konnte. Der erste Test für die Europameisterschaft war aber erfolgreich durchgeführt worden und die Planungen für das nächste europäische Highlight gingen los.

Wie geht man sowas heutzutage an? Man trommelt alle via Facebook zusammen. Wirklich große Überzeugungskunst bedurfte es dabei natürlich nicht. Es reichten ein paar treffende Sätze:

„Es ist es so weit. Am 9. Juni um 20:45 Uhr (für uns 10. Juni 4:45 Uhr) zeigen wir erst Christiano, dass Dolce und Gabbana keine Vollblutstürmer sind und somit keine Tore schießen. Vier Tage später machen wir aus mittelaltem Gouda einen Weichkäse und schließen dann die Gruppenphase ab gegen... ääähm... wer ist eigentlich dieser Däne Mark?!"

Einfach war es nicht um vier Uhr aufzustehen. Einem pflichtbewussten Deutschen blieb aber im Endeffekt nichts anderes übrig. Trotzdem hielt sich der Andrang beim ersten Spiel noch in Grenzen und auch die technische Durchführung im Gemeinschaftsraum der Wohnanlage hatte noch Luft nach oben. Als wir nach zwanzig Minuten Spielzeit endlich einen einigermaßen vernünftigen, über mehrere Laptops und Netzwerkverbindungen aufgestellten, Livestream laufen hatten, tröstete uns zumindest das Endergebnis von eins zu null über eine schlaflose Nacht hinweg. Wir gingen zurück in unsere Appartements. Da Dänemark zuvor schon gegen die Niederlande gewonnen hatte, nicht ohne unseren holländischen Freund um sieben Uhr morgens aus dem Bett zu klingeln und ihm mit „Hüpp Holland Hüpp!!" einen guten Morgen zu wünschen.

Für das zweite Spiel, eben gegen Holland, mussten neue Ideen her. Wie sollte man es anstellen das Spiel ohne technische Probleme zu gucken. Wir beschlossen in die Lernräume der Uni umzuziehen und dort das Spiel über Beamer auf Großleinwand zu verfolgen. In der Theorie war das deutlich besser, in der Praxis hatten wir aber auch dieses Mal kein Glück. Wieder fehlten uns die ersten zwanzig Minuten des Spiels. Die wichtigsten Informationen machten aber, Dank Liveticker auf sämtlichen Handys, schnell die Runde. Als dann endlich der Stream einsetzte und es nur noch wenige Minuten dauerte ehe „deutschlich" wurde, dass auch in diesem Spiel für Holland nichts zu holen war, verbesserte sich die Stimmung schlagartig. Zittern mussten wir dann nur noch in der zweiten Hälfte – da hatten wir allerdings auch kein Livebild mehr. Wir hörten die Spielberichterstattung lediglich noch über den Stream des WDR-Radios.

Im letzten Gruppenspiel gegen Dänemark gab es nicht viel zu beanstanden – zumindest am Livestream nicht. Ein letztes Mal setzte dieser erst wieder aus als wir im Viertelfinale die Eulen nach Athen tragen mussten und wir die komplette erste Halbzeit verpassten.

Die Europameisterschaft sorgte dafür, dass ich mich nicht wirklich daran störte, wo der kleine Zeiger der australischen Uhr gerade stand. Ich lebte für einige Wochen mehr oder weniger in der deutschen Zeitzone. Ich stand vor der Entscheidung bis zu den jeweiligen Spielen wach zu bleiben oder aber doch noch ein Auge zuzumachen. Da mir schon klar war, dass ich ohnehin nicht schnell würde einschlafen können, entschied ich mich wach zu bleiben. Erst in einer der Nächte zuvor lag ich ungewollt bis halb drei wach. Und das obwohl tags drauf meine erste Klausur anstand. Ich verlegte mein Mittagessen auf den späten Nachmittag, machte am Abend noch Sport und aß gegen Mitternacht zu Abend. Dann schaute ich mir das frühe Spiel der EM an, machte mir, um mich wieder ein wenig zu stärken um viertel vor vier Rührei und begab mich anschließend, gemeinsam mit den anderen verrückten Deutschen, auf den Weg in die „Computer-Labs" der Uni. Auch ohne deutsche Beteiligung hielt ich diesen Rhythmus bei und begab mich zusammen mit den Franzosen in die Uni, wenn diese mit ihrer Nationalmannschaft mitfieberten. Das Kuriose dabei war, dass sie keinerlei Probleme mit irgendeinem Stream hatten. Vielleicht wollten einfach nicht so viele Leute die Spiele der Franzosen verfolgen – anders konnte ich mir das nicht erklären.

Während sich halb Europa in Down Under beim Fußball zusammenfand, hatten auch die Australier Grund zum Rudelgucken und ich lernte auch nach mehreren Monaten noch ein weiteres Highlight Australiens kennen. Eines Morgens bekam ich die SMS, ob ich nicht Lust hätte abends rüberzukommen, es würden alle zusammen „State of origin" gucken.

„Hmm… scheint ein guter Film zu sein und hört sich nach einem echten Action-Drama und ein bisschen Blutvergießen an", dachte ich.

Ich überlegte es mir, vielleicht würde ich ja mal vorbeischauen. Ich schaute vorbei und ich hatte Recht. Lediglich die Annahme, dass es sich um einen Film handelte, war komplett verkehrt. „State of origin" ist ein Rugby-Match zwischen den Bundesländern Queensland und New South Wales. Im Übrigen nach den Regeln der *National Rugby League*, was nicht zu verwechseln ist mit der *Rugby Union*. Man brauchte eine Weile bis man die Unterschiede erkannte, aber es gab sie. Ich hatte also begriffen, dass es sich nicht um einen Hollywoodstreifen handelte. Jetzt musste ich mich nur noch entscheiden, bin ich für Queensland oder für New South Wales. Die meisten Einheimischen unterstützten den Bundesstaat, in dem sie geboren wurden... und ich? Ich hatte meinen Wohnsitz zwar in Queensland, trotzdem fiel meine Wahl auf die Konkurrenz. Schlicht und ergreifend aus dem Grund, dass ich für Queensland nicht das passende weinrote Shirt im Kleiderschrank hatte. Begründen tat ich es damit, dass ich 2010 in Sydney zum ersten Mal in meinem Leben australischen Boden betrat und somit in New South Wales „geboren" war.

Brachte alles nichts. „Wir" verloren und mussten den Rest des Abends Hohn und Spott über uns ergehen lassen.

Die Zeit an der Sunshine Coast war natürlich im Großen und Ganzen ein riesen Erlebnis, mit vielen neuen Erfahrungen und trotzdem gab es Tage an denen man auch in Australien einfach in den Tag hineinlebte. Ohne

Beachvolleyball, ohne Strand und ohne Party. Man ging in die Uni, kam mittags nach Hause, kochte sich was zu essen, verbrachte den Nachmittag auf der Couch und fand sich auch am Abend noch auf selbiger wieder.

Gerade zum australischen Winter hin gab es nicht immer nur Strand, Wellen und Sonne. Die Leute, die sich um diese Jahreszeit am Strand tummelten, wurden von den Australiern zu Recht als Touristen abgestempelt – und das war ich ja nicht. Die Tage wurden kurz, die Sonne ging um fünf Uhr unter und so konnte man sich am Strand eigentlich nur noch aufhalten, um Barbecue zu machen. Die Tage mit einem gemütlichen Grillabend ausklingen zu lassen war aber auch nicht die schlechteste Variante.

Ohnehin hatte man rückblickend auf das Semester genug Zeit am Strand und im Wasser verbracht, war gefühlte hundertfünf Mal von den Wellen begraben worden und mindestens genauso häufig ertrunken. Das Gefühl, dass man auf den Wellen mitschwamm, während andere unter einem durch tauchten, dass man von der Welle runterfiel und geradezu von ihr verschlungen wurde und dass man japsend nach Luft auftauchte und sich hechelnd auf allen Vieren an den Strand schleppte, sollte nur noch in der Erinnerung vorhanden sein. Aber wenigstens diese Erinnerung hat bestand – bis heute!

Tierisch groß

Nach meiner Rückkehr waren gern gestellte Fragen die Fragen nach den Tieren.

„Und, hast du auch all die fiesen Tiere gesehen?", „Sind die Spinnen da wirklich so groß?", „Hast du Kängurus und Koalas gestreichelt?" und und und.

Ja, Kängurus hatten wir auf unserem Campus, Koalas habe ich im Zoo gestreichelt und von den großen Spinnen habe ich, wenn ich drüber nachdenke, kaum welche gesehen. Ich habe über fünf Monate in Australien verbracht, kann aber die Spinnen, die ich gesehen habe, an einer Hand abzählen. Zumindest von den großen habe ich wirklich kaum welche gesehen. Hier und da sieht man zwischen Bäumen bemerkenswert große Netze gespannt. Man wird aber keineswegs von den Viechern verfolgt geschweige denn angegriffen. Wenn man durch Nationalparks geht, entdeckt man schon mal direkt neben sich etwas größere Spinnen. Ob diese unbedingt immer giftig sind, weiß man nicht. Man sollte es aber auch nicht unbedingt ausprobieren.

Am besten sollte man, und das steht auch auf Schildern rund um die Universität, die wildlebenden Tiere in Ruhe lassen. Ich sag mal so: Die Studenten sind auf dem Campus geduldet und sollten sich besser nicht mit den Tieren anlegen. Denn auch solche, die im ersten Moment nicht gefährlich aussehen, sind nicht ohne.

So zum Beispiel ein völlig harmlos wirkender Vogel, der mich und auch andere Studenten beim Gang über den Campus angriff. Einfach so? Nein, nicht einfach so, der Grund für den Angriff fiel mir aber erst später auf. Ich ging zunächst ganz normal über den Campus, überquerte, wie vor mir ein weiterer Student auch, eine Wiese und schenkte dem Vogel, der sich auf der gleichen Wiese befand, wenig Aufmerksamkeit. Als er mich dann beim Näherkommen anguckte und aufgeregt anpiepte, glaubte ich erst an einen Zufall. Warum sollte der Vogel mich meinen? Warum überhaupt schien er vorzuhaben sich mit mir anzulegen? Ich ging also weiter, ging an ihm vorbei und bemerkte, dass er sich tatsächlich mitdrehte, mich weiter anstarrte und sein Piepen noch etwas aggressiver wurde. Er schien wirklich mich zu meinen. Aber was sollte es, ich bewegte mich ja schon wieder von ihm weg. Er würde sicher gleich Ruhe geben. Beim Umdrehen dann sah ich noch im Augenwinkel wie er losflog, auf mich zusteuerte und mich haarscharf verfehlte. Definitiv, er meinte mich, aber was hatte ich getan? Er war nun vor mir und setzte gleich zur nächsten Attacke an. Dieses Mal sah ich deutlich wie er auf mich zukam und im letzten Moment abdrehte. Kurz drauf erkannte ich, was sein Problem war. Ich ging geradewegs auf sein Nest zu, wo seine bessere Hälfte mit der Brut beschäftigt war. Den dritten und vierten Angriff provozierte ich. Ich fand es ja schon irgendwo lustig.

Das ganze Spiel zog sich auch in den nächsten Wochen noch hin, nachdem die Jungen schließlich geschlüpft waren. Kam man den beiden in einem Umkreis von rund fünfzehn Metern zu nah, hörte man erst das Piepen und sah im nächsten Moment einen Vogel auf sich zu fliegen. Solange nichts passierte, war es auch lustig. Irgendwann hörte ich aber, dass man es lieber nicht herausfordern sollte, da die Tiere Widerhaken an Krallen, Flügeln oder Schnabel haben und das entsprechend unangenehm werden kann, da sich die Wunden leicht entzünden könnten. Ich kam den Vögeln in der Folge nicht mehr unnötig nahe.

Näher gekommen war ich aber einige Wochen zuvor einem hochgiftigen Reptil. Ich verließ mein Appartement und sah neben mir im Busch etwas weghuschen. Hinter der Holzverkleidung erkannte ich noch ein Stück eines hellbraunen, länglichen Körpers. Ich war meiner ersten Schlange begegnet und wollte mir die Chance nicht entgehen lassen. Umgedreht, rein ins Appartement, meine Kamera geholt – so einen Augenblick musste man doch festhalten – und wieder raus. Aber wo war die Schlange jetzt? …kurze PANIKattacke… aber da war sie ja, direkt vor mir, perfekt platziert auf dem Gehweg. Ein bisschen näher ging ich noch ran – wusste ich doch zu dem Zeitpunkt noch nicht um was für eine Schlange es sich handelte – und drückte dreimal ab. Wunderbar, das Foto war im Kasten! Dann warnte ich die Bewohner eines anderen Appartements, auf das die Schlange nun zu schlängelte. Sie sollten doch vielleicht die Türen schließen. Das machten diese (Einheimische) beim Anblick dann auch. Nicht ohne mir deutlich zu machen, dass ich doch lieber einen Schritt zurückgehen sollte.

„Kann gut sein, dass die giftig ist!"

Während ich mich an den Pool zurückzog, waren die anderen damit beschäftigt zunächst die Schlange und dann den Busch, in dem sich die Schlange versteckt hielt, zu beobachten. Sie warteten auf den „Snake-Catcher". Jemand sagte, dass dieser gleich kommen würde. Das erfuhr ich, als ich nach zwanzig Minuten wieder dazu kam. Nach weiteren dreißig Minuten hatte allerdings keiner mehr Lust den Busch anzustarren. Vom Snake-Catcher war weiterhin keine Spur. Wo sich die Schlange dann die nächsten Stunden und Tage rumtrieb, wusste ich nicht. Ich durchstöberte das Internet, zeigte Kommilitonen die Bilder und wusste danach mit großer Sicherheit, dass es sich um eine brown snake handelte. Eine der giftigsten und aggressivsten Schlangen in Australien und damit auf der Welt. Na wenn es sonst nichts ist.

Für den Fall der Fälle fragte ich beim Personal des Wohnheims nach, wie man sich denn am besten in solchen Situationen verhalten sollte. Ihre Antwort war typisch australisch. Einfach ignorieren und den Tieren aus dem Weg gehen. Solange sie nicht im Appartement sind, gäbe es keinen Grund Panik zu haben. Mit anderen Worten „no worries". Man lernt halt irgendwann mit den Gefahren zu leben.

„Haiattacken… klar gibt's die, aber ihr habt ja in Europa auch Verkehrsunfälle, oder nicht?!"

Aus den Augen aus dem Sinn ließ man nach einigen Tagen wieder die Türen offen stehen und an die Schlange dachte keiner mehr.

Es ist einfach völlig normal, dass Eidechsen an der Küste durch die Büsche rennen, Motten und Heuschrecken etwas größer sind, Geckos an Wänden und Decken hängen und auch schon mal eine Kakerlake über die Veranda huscht. Man gewöhnt sich daran. In den vier Monaten, in denen ich vor Ort an der Sunshine Coast wohnte, war die Begegnung mit der Schlange der einzig „gefährliche" Moment.

Guckt man allerdings beim Überqueren der Straße in die falsche Richtung, und das passiert beim herrschenden Linksverkehr am Anfang des Öfteren, kann es durchaus gefährlicher werden!

Ausflüge

Die Ostküste Australiens bietet eine ganze Menge Ausflugsziele. Wer auf Natur steht, findet Nationalparks, Strände oder auch den ein oder anderen Berg im Hinterland. Wer sich mehr für Städte interessiert, kommt gut mit dem Zug nach Brisbane, mit dem Auto nach Surfers Paradise oder gar mit dem Flugzeug nach Sydney. Es bestand eigentlich nie die Gefahr, dass ich nicht wusste was ich machen sollte. Ich kam schnell mit anderen Studenten in Kontakt und fand so auch schnell Leute, die gleiche Interessen hatten, zudem vielleicht ein Auto besaßen und mit denen man dann die Umgebung erkunden konnte.

In den ersten Wochen hatte ich noch recht viel mit den in Singapur kennengelernten Deutschen zu tun. Wir mieteten uns für ein Wochenende ein Auto und machten die nähere Umgebung um die Sunshine Coast unsicher. Schon jetzt muss ich das erste Mal darauf hinweisen, dass in Australien die „nähere" Umgebung einige hundert Kilometer einschließt. Wir wollten zunächst nach Brisbane, was eine Autostunde südlich, und dann tags drauf nach Tin Can Bay, was zwei Stunden nördlich von Mooloolaba liegt. Die Ziele waren in erster Linie den Ideen der Mädels geschuldet. Nach Brisbane gings, um vor allem in einem Mode-Outletcenter zu shoppen und nach Tin Can Bay, um sich in Freiheit lebende Delfine anzugucken.

Wir waren zu viert und natürlich stöberten auch wir zwei Jungs durch die Läden des Outlets. Nur wir brauchten bei weitem nicht so lange. Das Center war in einem Viereck angelegt und als wir uns nach rund anderthalb Stunden wiedertrafen, hatten wir alles gesehen. Wir waren zwei Mal rund gegangen und waren bereit weiter in die Innenstadt zu fahren. Zu glauben, dass die Mädels genauso weit waren, war etwas leichtsinnig, um nicht zu sagen, naiv. Sie brauchten noch eine Weile.

„Wir haben eine Runde geschafft und wissen was wir haben wollen. Jetzt müssen wir nur noch alles kaufen."

Wie bitte?! Ich fragte mich, warum man denn die Dinge nicht auch direkt kaufen konnte wenn man doch wusste, dass man sie haben will?!

„Alles klar, wie lang braucht ihr? Ne halbe Stunde?"

„Sagen wir…halb drei!?"

Es war viertel nach eins. Was hatten die beiden bitte die ganze Zeit gemacht, während wir die Läden durchstöbert und vor allem Sachen gekauft hatten.

„Ich dachte, ihr müsstet die Sachen nur noch kaufen?"

„Hier und da müssen wir auch noch was anprobieren!"

„Zwei Uhr!"

„Viertel nach!"

„Beeilt euch!!!"

Während die Mädels ihre Sachen anprobierten und kauften, wurden wir Jungs mit Mitleid spendenden Blicken bedacht. Scheinbar gibt es auch auf der anderen Seite der Welt keinen großen Interpretationsspielraum wenn Mann gelangweilt im Klamottenladen in einem Sessel hockt. Wir bekamen auch diese Zeit rum und fuhren schließlich in die Innenstadt Brisbanes.

Ich muss sagen, es ist schon ein wenig komisch, wenn man am anderen Ende der Welt auf einmal Dinge sieht, die man vorher schon einmal gesehen hatte. Klar, so ist es überall auf der Welt wenn man einmal da war. Dass aber zwei Tage Brisbane gute zwei Jahre zuvor so im Gedächtnis geblieben waren, fand ich ulkig.

Auf der Suche nach einem günstigen Parkplatz fuhren wir immer weiter in die Stadt hinein. Erst versuchte ich etwas wiederzuerkennen, dann glaubte ich etwas wiedererkannt zu haben und schließlich hatte ich tatsächlich etwas wiedererkannt. Meine Nase führte uns geradewegs zu dem Hostel, in dem ich zwei Jahre zuvor gewesen war. Wir fanden einen bezahlbaren Parkplatz und erkundeten die Stadt. Es sollte nicht das letzte Mal sein, dass ich in Brisbane war. Schließlich würde ich von hier aus noch zurück nach Deutschland fliegen müssen. Für diesen einen Tag blieben uns aber nur noch wenige Stunden, um das Zentrum ein wenig kennenzulernen. Wir schlenderten durch das Herz der Stadt, entlang der Queen Street, wo sich ganz in der

Nähe das Casino befindet, gingen rüber zum anderen Ufer des Brisbane Rivers und bestaunten die „South Bank", eine Parkanlage mit künstlich angelegtem Strandbad, welches von jedermann benutzt werden kann. Schließlich fuhren wir in der Abenddämmerung nach Hause an die Sunshine Coast. Wir wollten früh ins Bett, da uns für den nächsten Tag ein straffes Programm bevorstand.

Vier Uhr dreißig war es am nächsten Morgen als der Wecker klingelte. Wir wollten um fünf Uhr abfahren, damit wir pünktlich um sieben Uhr in Tin Can Bay sein würden. Eben um diese Zeit sollten die Delfine zu sehen sein und ich stellte mir vor wie die Meeressäuger jeden Morgen um zehn vor sieben auf ihre „Delfin-Armbanduhr" – ich habe nachgeguckt, die gibt's – gucken und sagen:

„Hey Jungs, es wird Zeit, wir müssen zu den ollen Touristen!"

Nun gut, wir wollten den Mädels den Gefallen tun und es nicht dem Zufall überlassen. Als der Trip geplant wurde war übrigens der O-Ton:

„Wo wollt ihr denn hin?"

„Zu den Delfinen"

...Frauen...

Wir setzten jedenfalls eine Punktlandung hin. Es war sechs Uhr fünfzig als wir auf den Parkplatz des kleinen Hafens fuhren. Nicht nur wir hatten den Weg gefunden, nein, auch zwei Delfine waren schon im seichten Wasser zu sehen. Die einzigen beiden des Tages. Aber hey, sie waren da. Das frühe Aufstehen hatte sich gelohnt… einigermaßen… es waren halt Delfine… Tiere… zerkratzt von Haiattacken und somit äußerlich bei weitem nicht so perfekt wie man sie aus dem Fernsehen kennt.

Aber, ich will mal nicht so sein. Ich hatte Delfine gesehen, direkt vor mir im Wasser…JIIEEHAA!

Mit der Zeit wurde der Besucherandrang immer größer, auch da wieder ein Großteil der deutschen Sprache mächtig, und um acht Uhr konnte man EINEN Fisch für !FÜNF! Dollar kaufen, um ihn einem der Delfine hinzuhalten, damit er ihn fressen konnte. Ich würde nicht einmal für mich selber ein Fischchen für fünf Dollar kaufen! Ich kaufte auch keinen – aus Prinzip. Australier können tatsächlich aus Nichts Geld machen – nicht aber mit mir.

Als ich die Menschen gebückt und die Hand ins Wasser haltend im knietiefen Wasser stehen sah, damit der eine oder der andere Delfin zu ihnen kommen würde, fragte ich mich ja schon, wer denn da nun die primitiveren Lebewesen waren. Ich als Delfin hätte mich jedenfalls köstlich amüsiert.

Als unser Tag dann bereits vier Stunden alt war – es war halb neun – ging es zum zweiten Tagesziel. Wir machten einen kleinen Abstecher zum „Rainbow Beach". Inzwischen hatte es, wie sollte es auch anders sein, mal wieder angefangen zu regnen und die Laune sank auf einen Tiefpunkt, was allerdings auch damit zu tun hatte, dass wir alle noch kein wirkliches Frühstück zu uns genommen hatten. Nach dem Frühstück war die Stimmung wirklich besser. Zum einen quälte uns kein leerer Magen mehr und zum anderen hatte der Regen ein letztes Mal eine kurze Pause eingelegt. Wenigstens den folgenden kleinen Spaziergang zum Strand konnten wir trocken zu Ende bringen. Ein letztes Mal stiegen wir an diesem Tag mit trockenen Klamotten ins Auto ein.

Es ging weiter nach Noosa. Wie ich bei späteren Touren feststellte bei Sonnenschein ein traumhaft schönes Örtchen, umgeben von Nationalparks, durchzogen von Lagunen und auf den Hügeln sicherlich nicht ganz billige Anwesen mit Blick aufs Meer. Man konnte stundenlang durch den Nationalpark gehen und kam immer wieder an atemberaubenden, einsamen Stränden vorbei. Hinter jeder Ecke erspähte man Surfer in den Wellen und wenn man sich ein wenig Zeit nahm Wasserschildkröten in der Gischt. Bei strömendem Regen sah man von alldem allerdings recht wenig, weil auch schlichtweg die Lust fehlte etwas zu erspähen. Alles wozu wir uns bei immer schlechter werdender Laune durchringen konnten, war das Durchstöbern der zahlreichen Souvenirläden, um nicht komplett bis auf die Unterhose nass zu werden. Die Laune ging im wahrsten Sinne des Wortes den Bach runter. Wir waren inzwischen zehn Stunden auf den Beinen und überlegten, ob wir nicht noch etwas anderes unternehmen sollten. Zur Debatte standen die *Kondalilla Water Falls*. Sie lagen mehr oder weniger auf dem Weg nach Hause. Wasser hatten wir zwar genug, aber warum nicht. Ein bisschen Abenteuer wollten wir ja dann doch noch erleben. Bis dahin war allerdings keinem von uns bewusst, dass der Abstecher wirklich zu einem kleinen Abenteuer werden sollte.

Wir kamen, natürlich im strömenden Regen, auf dem Parkplatz des Nationalparks an und standen nun da… was tun?!

Nach fast fünfhundert Kilometern im Auto wollte ich mich aber dann doch noch etwas bewegen. Zu den Wasserfällen sollten es circa zwanzig Minuten zu Fuß sein.

„Okay, wir haben alle Schwimmklamotten mit. Ich gehe jetzt da raus, zieh mich um und dann geh ich los", warf ich in die Runde.

Alle zogen mit und so „spazierten" wir durch den REGENwald. Als wir schließlich zu einer Art Aussichtsplattform gelangten und die Zeit auch in etwa darauf schließen ließ, dass wir bei den Wasserfällen angekommen waren, war der Blick überwältigend. Wo man nur hinsah, Wasser! In Form von klitzekleinen Tröpfchen… uns besser bekannt als Nebel! TOLL!!

Immerhin hörten wir den Wasserfall. Kurzes Gruppenfoto und wieder zwanzig Minuten zurück. Am Ende des Weges schnell noch den Schmutz von den Beinen gewaschen und wieder ins Auto – denkste!

Teilweise lebte der „Dreck". Bei den drei anderen hatten sich jeweils zwei, drei kleine Blutegel festgebissen. Ich blieb erfreulicherweise verschont. Nachdem sich die Dinger mit den Flip-Flops ab-schnipsen ließen, galt es nur noch die Blutung zu stoppen. Die Tiere sind zwar klein, aber wie sie das Blut verdünnen können wissen sie. Die Panik war in einem Land der tödlichsten Tiere erst einmal groß. Letztlich ging aber auch der Tag ohne schwerere Verletzungen und mit „no worries" zu Ende. Wenn man in Australien in der Natur aktiv ist, gibt es eben auch schon mal Situationen, die man aus Europa nicht kennt. Was allerdings wohl auch der Tatsache geschuldet ist, dass man in Deutschland nicht auf die Idee käme bei strömendem Regen spazieren zu gehen. Wer weiß, was für tödliche Gefahren in deutschen Wäldern auf einen warten würden.

Weitere eventuelle Gefahren lauerten auch, als ich mit zwei Freunden den *Mooloolah River National Park* durchqueren wollte. Schaut man auf die Landkarte der Sunshine Coast sieht man, dass die Universität gar nicht so weit von der Küste entfernt ist. Lediglich eine Fläche von rund drei mal vier Kilometern Busch liegt dazwischen. Eben der Mooloolah River National Park. Macht man sich mit dem Bus auf nach Mooloolaba, fährt man an diesem Nationalpark vorbei. Irgendwann hatte ich bei einer dieser Busfahrten die Idee, man könnte sich doch auch mal zu Fuß zur Küste aufmachen. Da gibt es bestimmt einen Weg, dachte ich. Diese Annahme wurde durch Luftaufnahmen aus dem Internet bestätigt. Zumindest ließ sich ein Weg quer durch den Busch erahnen.

Nach mehrmaligem Verschieben des Vorhabens, dem Wetter oder auch unserer Bequemlichkeit geschuldet, brachen wir schließlich morgens früh bei strahlendem Sonnenschein auf. Die grobe Richtung bis zu der Stelle, von wo der Weg abging, war klar. Am Ende der befestigten Straße angekommen, liefen wir direkt auf eine Schautafel zu, die uns den Weg durch den Nationalpark präsentierte. Wir warfen einen kurzen Blick darauf und alles schien klar. Da war der Weg, den wir suchten. War ja alles nicht so schwierig. Auf ging´s.

Wir waren handgestoppte sechs Komma acht Sekunden unterwegs als wir das erste Mal anhielten. Es hatte zwar die letzten Tage nicht viel geregnet, aber so wirklich viel Wasser verdunstete bei tiefstehender Wintersonne nicht mehr. Der Weg war zum großen Teil von Pfützen geziert. Hier und da gab es aber noch den ein oder anderen Grasbüschel, der aus dem Wasser herausragte und uns die ersten hundert Meter trockenen Fußes zurücklegen ließ.

„Das ist vielleicht nur am Anfang unter den Bäumen so…", munterten wir uns gegenseitig auf.

Rund fünfzig Meter weiter waren es dann keine Pfützen mehr. Es war eine einige Zentimeter tiefe Wasserfläche. Noch immer mit dem Bestreben keine nassen Füße zu bekommen, suchten wir uns links und rechts des eigentlichen Weges einen trockenen Pfad. Schon jetzt musste ich unweigerlich an Steve Irwin, die australische Legende, denken. Leichte Unsicherheit machte sich breit.

„Meint ihr wir sollten wirklich da durch das Gras gehen?

„Nur hier das kurze Stück… da vorne ist der Wald ja zu Ende. Dahinter wird´s bestimmt trockener!"

Zwischenzeitlich wurde es tatsächlich trockener. Ich glaube aber, dass das die totale Willkür war und nichts mit Sonneneinstrahlung oder aber ungünstigem Schattenwurf zu tun hatte. Inzwischen waren auch die Füße nicht mehr komplett trocken.

„Ein bisschen nasse Füße wird schon nicht so schlimm sein."

Kurz bevor es dann auf die komplett baumlose Fläche hinausging, galt es noch einen Bach zu überqueren oder besser gesagt zu durchqueren. Auch diese Hürde wurde genommen und ein letztes Mal setzte sich der Optimismus in unseren Köpfen durch.

„Ab jetzt wird's bestimmt trockener!"

NICHT!!!

Da wir nun ohnehin schon nasse Füße hatten, beschlossen wir nun einfach auch durch das knöcheltiefe Wasser zu gehen. Steve Irwin wäre stolz auf uns gewesen. Vielleicht hätte er sich aber auch am liebsten im Grabe rumgedreht und gedacht:

"Diese blöden deutschen Studenten."

Eines war sicher, er hielt bestimmt seine schützende Hand über uns.

Ich will nicht wissen, was uns alles in unserer direkten Umgebung hätte töten können. Viel schlimmer konnte es ja jetzt nicht mehr werden. Und dann kam er doch. Der Moment der Kapitulation. Soweit wir den Weg einsehen konnten, hatten wir eine mehrere Meter breite Wasserfläche vor uns und wir entschlossen umzukehren. Aus fehlender Rücksicht auf unsere Schuhe und Socken legten wir den Rückweg nun wesentlich schneller zurück und überlegten vor der Schautafel, ob es nicht vielleicht einen anderen Weg gäbe. Gab es nicht… wohl aber ein paar Hinweise, die wir erst jetzt sahen:

Sagen sie Freunden wo sie sich aufhalten

(„Weiß wer Bescheid?"…"Nö")

Nehmen sie ein Erste-Hilfe-Päckchen mit

(„Hat einer Pflaster mit?"…"Nö")

Haben sie immer eine Kopfbedeckung dabei

(„Aaach, jetzt im Winter doch nicht")

Seien sie immer in acht vor Schlangen

(„Aber doch nur zu bestimmten Jahreszeiten")

- das ganze Jahr über

(„Ups")

Haben sie immer ein Mobiltelefon dabei

(„Haben wir... seht ihr, uns passiert schon nix")

Wir hatten unser Ziel nicht erreicht, aber wir waren aktiv gewesen – und hatten überlebt!

Es muss ja nicht immer spektakulär oder leichtsinnig sein. Was man aber in Australien einfach mal gemacht haben muss, was man in heimischen Gefilden schlichtweg gar nicht machen könnte, einmal surfen gehen. Oder es zumindest versuchen. Es war sieben Uhr als ich mich aufrappelte, das Rollo hochzog und aus dem Fenster guckte. Juchuu, grauer Himmel! So stellt man sich das vor, wenn man die erste Surfstunde vor sich hat. Immerhin herrschten draußen angenehme, für australische Verhältnisse, frühwinterliche achtzehn bis zwanzig Grad. Deutlich höher als die Stimmung, die knapp über dem Gefrierpunkt lag. Ich fuhr mit dem Bus und einigen Freunden zu dem vereinbarten Treffpunkt und tataaa, die Sonne blinzelte durch die Wolken – für fünfzehn Sekunden. Mehr sollte es davon an diesem Tag nicht geben. Die Vorfreude war keineswegs überschwänglich. Die Einstellung war eher:

„Das ziehen wir jetzt durch!",

und als die Coaches ankamen, hatten wir auch gar keine Chance zu zögern.

„Hier sind die Boards, Shorts habt ihr an… alles klar, wir treffen uns unten am Strand!"

Kurze technische Einweisung am Strand und ab ging es in die Fluten. Nachdem wir uns regelrecht im Sand gesuhlt hatten, um die Technik des Aufstehens zu erlernen, lagen wir fünf Minuten später schon auf den Brettern in der Badewanne Pazifik. Mit fünfundzwanzig Grad war das Wasser deutlich wärmer als die uns umgebende Luft. Es war also richtig angenehm im Wasser zu sein – zumindest für eine Weile.

Ich muss sagen, Surfen ist echt ein Kinderspiel… wenn man mal draufsteht… und wenn man nicht selber paddeln muss… und im richtigen Moment angeschoben wird.

Abgesehen von einem heftigen Muskelkater in Nacken und Schultern, den ich am nächsten Tag hatte, hatte ich mir den Zeh gebrochen, zog mir eine kleine Schnittwunde am Knöchel zu und prellte mir die Schulter, nachdem ich einen traumhaften Köpper ins gefühlte dreißig Zentimeter tiefe Wasser gemacht hatte. Aber, es hätte schlimmer kommen können, immerhin lebe ich noch, nachdem ich surfen war. Scherz bei Seite… der Zeh war wohl nicht gebrochen und mich hat es ungespitzt in den Boden gerammt ohne dass ein Körperteil sonderlich in Mitleidenschaft gezogen wurde. Allerdings ist die Schnittwunde, wenn mich nicht alles täuscht, eine Bisswunde eines „großen Weißen"… da hatte ich dann nochmal Glück gehabt. Oder wie man in Australien sagt:

„Da bin ich dem Hai nochmal vom Surfbrett gesprungen."

Es machte auf jeden Fall riesig Spaß, auch wenn man erstens nicht annähernd im Stande war rechtzeitig Geschwindigkeit aufzunehmen, um eine Welle richtig zu erwischen und man zweitens nach einer halben Stunde völlig kraftlos war, um Ersteres überhaupt zu versuchen.
Aber: ICH STAND DRAUF!

Bei all den abenteuerlichen Ausflügen musste zwischendurch auch mal ein ruhiges Wochenende dazwischen geschoben werden. Es ging auf den Juni zu und die gesamte Sunshine Coast, so schien es, fieberte einem ganz bestimmten Tag entgegen. Dem Ersten im Juni, dem *Ladies Oaks Day*. Schon traditionell pilgerte nahezu jeder zum *Sunshine Coast Turf Club* und fühlte sich, während man sich dem Pferderennsport widmete, den oberen Zehntausend zugehörig. Man hatte aber auch direkt den Eindruck, die oberen Zehntausend haben sich mindestens verdoppelt. Sah man genauer hin, erkannte man, dass sich doch eine Menge Studenten unter den Mob gemischt hatten. Auch bei dem Rest war es eine schmale Gratwanderung zwischen „Wooooow" und „ach du scheiße".

Das ein oder andere Outfit war doch etwas gewagt und war auch nicht damit zu entschuldigen, dass es eine Preisverleihung für das beste Dress, oder soll ich besser sagen die beste Verkleidung, gab. Ebenso gab es eine Ehrung für den besten Kopfschmuck und das beste Pärchen. Die Pferderennen, die schätzungsweise fünf Minuten des gesamten Nachmittags einnahmen, waren eigentlich überflüssig. Wären da nicht die Wetten gewesen. Nach ausgiebiger Beratung und Betrachtung der Pferde wurden, auch von Studenten, hunderte von… Cent… gesetzt und zum größten Teil verzockt. Während jedoch die einen ihr Geld auf das rote Pferd setzten, gaben es die anderen lieber für den roten Bullen aus und kippten sich selbigen, selbstverständlich gemischt mit Hochprozentigem, hinter die Binde. Auch auf diese Weise konnte Geld verbrannt werden. Während Speisen mitgebracht werden durften, musste man Getränke vor Ort kaufen. Alkohol musste also draußen bleiben oder aber unters Essen gemischt werden. Clever wer sich da vorher ein Pöttchen Götterspeise mit Wodka angerührt hatte. In dem Fall unterscheiden sich die Studenten auf der ganzen Welt mal überhaupt nicht! Wenn möglich wurde Alkohol konsumiert. Das verbindet. „Du sprichst nicht meine Sprache? Egal, lass einen trinken!"

Der Australier an sich

Auch wenn die Studenten auf der ganzen Welt gleich zu sein scheinen, *der Australier an sich* hat so seine Eigenheiten. Nach einiger Zeit in Australien hatte ich mir davon einen kleinen Überblick verschafft und ich kann nun zweifellos behaupten, dass dieser erste Eindruck bis zum Ende des Öfteren bestätigt wurde. Nicht nur das. Es gab Momente in denen ich einfach nur die Hände über dem Kopf zusammen schlagen konnte. Zunächst einmal fing es aber ganz harmlos an.

Das erste was einem auffällt, ist die Tatsache, dass man beim Einkaufen an der Kasse stets nach seinem Befinden gefragt wird. *Der Australier an sich* fragt dich: „How´re you doin?" oder „How isit goin?" Als ich damit konfrontiert wurde, nahm ich einfach mal an, dass er nicht wirklich an meiner Lebensgeschichte interessiert war. Wobei *der Australier an sich* dann doch auch öfter mal ausführlich antwortet. Aber ich glaube das können ältere Damen in Deutschland genauso gut.

Es scheint alles etwas lockerer zuzugehen. Zeitdruck oder Stress scheinen die allerwenigsten zu kennen und schnell ist einem klar, *der Australier an sich* ist wirklich „easy going". Das zeigt sich zum einen in Gruppenarbeiten in der Uni, bei denen der strebsame Deutsche die Arbeit getan kriegen möchte und zum anderen im öffentlichen Nahverkehr. Ist der Bus voll, stellt man die Anzeige in Australien auf „SORRY, bus full", lässt eventuell noch Leute aussteigen und fährt weiter. Und jetzt der Knaller. *Der Australier an sich* steht an der Haltestelle, sieht den Bus davonfahren, weiß, die gleiche Buslinie fährt in circa einer Stunde wieder und regt sich nicht mal auf. Gut, er weiß auch, dass es niemanden wirklich kümmern würde, käme er zum Beispiel eine halbe Stunde zu spät zu einem Tutorial. Er käme dann in den Raum rein, ohne vorher angeklopft zu haben, entschuldigt sich kurz mit „Sorry, I´m late." und alles wäre „cool". Ein kurzes „It´s ok." vom Tutor und weiter geht´s. Kann ja (ein paar) Mal passieren.

Getoppt wird diese Seelenruhe aber noch am Strand. *Der Australier an sich* macht sich nämlich wenig Sorgen während sein Kleinkind durch die Wellen hüpft – wenn es denn schon laufen kann. Im Zweifel wird das Kind mit einem beherzten Griff an den Füßen aus dem Wasser gezogen. Ja, in Australien wird zum zweiten Geburtstag eher ein Surfbrett als Schwimmflügel verschenkt. Kein Scherz, ich habe KEIN Kind mit Schwimmflügeln gesehen. Sowas scheinen sie da nicht zu kennen. Aber warum sollte man sich auch Sorgen machen. Es ist ja eine Vielzahl an Lebensrettern am Strand. Vor allem an Wochenenden ist der Strand gesäumt von Rettungsschwimmern, die zum großen Teil ehrenamtlich im Fall der Fälle retten… sollen. Neben Erwachsenen und sehr wahrscheinlich erfahrenen Rettern sind auch immer einige junge Schwimmer dabei. Und da gab es einen, der nicht unbedingt den sichersten Eindruck machte. Sagen wir, er war schlichtweg nicht vertrauenswürdig. *Der*

Australier an sich als Bademeister ist durchtrainiert, eins neunzig groß, braun gebrannt und stürzt sich wenn nötig todesmutig in die Wellen. Unser Freund war spindeldürr, einfach noch nicht ausgewachsen, käsebleich und als er sich ins Wasser reinzitterte, schien es fast so als hätte er Angst sich in selbigem aufzulösen. Die Hauptsache aber war, er hatte eine gelb-rote Lebensretter-Badekappe auf dem Kopf. Wen wollte der bitte retten? Im Gegenteil, er schien knietief im Wasser stehend kurz davor zu sein zu ertrinken und selbst gerettet werden zu müssen. Ich war völlig überrascht als er nach einer dreiviertel Stunde aus eigener Kraft aus dem Wasser kam. Weniger überrascht war ich von der Art und Weise wie er, halb erfroren in Richtung Strand stolperte. Wenn er nur einfach nicht diese gelb-rote Kappe aufgehabt hätte. Es wäre nur halb so lustig gewesen. Er quälte sich in Richtung Rettungsschwimmerturm und starb bei dreißig Grad im Schatten einen Erfrierungstod. Was hatten wir gelernt?! Eine Badekappe macht noch keinen Rettungsschwimmer!

Zurück zu den Kindern. Sollten sie nicht ertrunken sein, so leben sie noch heute, werden größer und können irgendwann laufen. Dann flitzen sie innerhalb eines aufgemalten Feldes über den Strand und werfen oder schießen ein Ei durch die Gegend. *Der Australier an sich* tritt lieber gegen ein Ei statt einen Ball. Es gibt zig verschiedene Spiele, in denen ein Ei geworfen, geschlagen oder getreten wird. Verschiedenste Rugbyarten und Australian Football.

Schließlich werden die Kinder dann noch größer und erreichen die Volljährigkeit. Wobei ich ja glaube, dass *der Australier an sich* nicht volljährig wird. *Der Australier an sich* lässt sich ein Tattoo stechen. Man gewöhnt sich an vieles, man gewöhnt sich auch an bunt bemalte Körper und trotzdem war es nicht zu glauben, was ich da zu sehen bekam. Man kann über den Sinn des einen oder anderen Tattoos diskutieren. Meinetwegen hat auch ein kleines Schlüsselloch in Höhe des Herzens einen gewissen Witz, aber irgendwann geht es dann auch unter die Gürtellinie – im wahrsten Sinne des Wortes.

Wir saßen eines Abends mit einigen Leuten, überwiegend Australier und überwiegend tätowiert, am Tisch und redeten eben auch über genau dieses Thema. Die einen hatten dieses Tattoo zu zeigen, die anderen wollten sich noch jenes Tattoo stechen lassen. Bis dahin keine ungewöhnliche Unterhaltung. Ungewöhnlich wurde es erst, als einer aufstand, seine Hose runter zog und ein sicherlich schmerzhaftes Tattoo präsentierte. Es war wie der berühmte Unfall. Es war nicht schön, aber man musste hingucken. Leider aber war das Tattoo kein Unfall, er hatte sich völlig freiwillig „EAT ME" auf seinen, entschuldigt den Ausdruck, ich muss mich ja irgendwie dem Niveau anpassen, Schwanz tätowieren lassen.

Diese Tatsache zeugt nicht wirklich davon, aber schließlich ist *der Australier an sich* erwachsen und darf Alkohol trinken. Aber bloß nicht auf der Straße. Wer auf der Straße mit Alkohol erwischt wird, muss mit einer empfindlichen Strafe rechnen. Das gilt auch wenn man eine einzige Straße überqueren will, um vom einen ins andere „Studentendorf" zu kommen. Wenn man Pech hat, steht die Polizei schon auf der Straße und wartet nur auf einen. Und dann klingelt´s in der Kasse. Angeblich ist man dann dreihundert Dollar leichter. Es sei denn man schafft es, sich als unwissenden Deutschen auszugeben und sich entsprechend rauszureden.

Gut, dass es Bars und Cafés gibt, in denen man trinken darf. Problem hierbei wiederrum: *Der Australier an sich* schließt seine Bars und Cafés spätestens um ein Uhr. Dann, wenn man sonst das Vortrinken beendet. Ich bekam sogar am Wochenende mit, wie in den Cafés am Strand am späten Nachmittag Tische und Stühle eingeräumt und der Laden geschlossen wurde. Am späten Nachmittag, wenn man den sonnigen Strandtag am liebsten mit einem leckeren Kaffee oder auch Eiskaffee ausklingen lassen möchte. Stattdessen schwingt sich *der Australier an sich* womöglich auf sein Fahrrad und fährt nach Hause. Aber nicht ohne sich vorher einen Helm aufgezogen zu haben. In Australien herrscht Helmpflicht auf dem Fahrrad. So weit , so gut. Dabei fällt auf, dass es einige gibt, die ihre Helme mit Kabelbindern dekorieren. Wofür das nun schon wieder?! Wie man mir berichtete, entwickeln die Helme im Dunkeln, sofern sie sich auch noch schnell bewegen, scheinbar eine nicht zu unterschätzende Anziehungskraft auf Flughunde. Der ein oder andere

Australier ist wohl schon angegriffen worden und so ein Angriff soll nicht ohne sein. Die Kabelbinder halten die Tiere wohl davon ab.

Ach jaaaa… – so ein schöner, lauer Spätsommerabend ist schon was Feines. Blöd wird's wenn der Spätsommerabend in einen Frühwinterabend übergeht. Zwar ist der Winter an der Sunshine Coast wie ein durchschnittlicher deutscher Sommer, trotzdem kann es an den Abenden knackig kalt werden. Aber: Abgesehen davon, dass in Extremfällen wirklich einstellige Temperaturen herrschen, ist *der Australier an sich* eine Frostbeule. Sobald die Temperaturen nachts unter zwanzig Grad fallen, sitzen die ersten schon mit dicken Sweatshirts da und zittern. Während ich nach einem wärmeren Tag nochmal die Klimaanlage einschaltete, lief bei meinem australischen Roommate den kompletten Tag über ein Heizlüfter. Aber klar: Der Wetterbericht im Radio beinhaltete in einem Satz die Worte „dreiundzwanzig Grad" und „Winter".

Und sie hatten ja Recht. Die Jahreszeit in der wir uns befanden, war nun mal Winter. Und so zeigten mir Werbungen passend dazu Winterkollektionen und auch Winterdüfte. Ich weiß jedenfalls jetzt, dass Lebkuchenduft überhaupt nichts mit Weihnachten zu tun hat. Es gab die Winteredition von „Air-Wick". Duftnote – Lebkuchen. Ohnehin haben australische Werbungen hier und da ihre Eigenheiten. In der „VW"-Werbung haben zum Beispiel die Autos Hannoveraner Nummernschild. Überhaupt ist die Verkaufsstrategie in

Australien eine andere als in Deutschland. Wo in Deutschland auf der Milchtüte „Nur 1,5% Fett" steht, preist *der Australier an sich* seine Milchtüten mit „98,5% fettfrei" an. Man musste sich daran gewöhnen, sodass anfangs auch schon einmal danebengegriffen wurde. Der Frischkäse auf dem groß „70%" prangte, war eben wenig sahnig und schmeckte dann auch genau so!

Trotz allem schmeckte mir die Zeit, auch wenn ich mir nach all den Erfahrungen ziemlich sicher war: Manchmal hat *der Australier an sich* augenscheinlich nicht mehr alle Kängurus im Kasten.

Studentenleben

Wie man sich vielleicht denken mag, konnte der Australier an sich auch ordentlich feiern. Es gab eine Gruppe von Australiern, die sich fast täglich einen über den Durst tranken. Gründe dafür fanden sie immer. Ob es nun ein Geburtstag, ein Rugbyspiel oder auch einfach nur ein absolvierter Unitag war, sie wussten entsprechendes ausgiebig zu zelebrieren. Selbstverständlich kam es dann auch mal vor, dass man sich ab und an davon anstecken ließ. An eines musste man sich aber erst gewöhnen. Die Tageszeit, zu der mit dem Trinken begonnen wurde, war auch dem gemeinhin als trinkfest bekannten deutschen Studenten neu. Dem Australier hingegen war neu, dass man vor dem Alkoholkonsum auch eine Kleinigkeit gegessen haben sollte. Das Problem war nicht neu und es ging so weit, dass Discotheken kostenlose Pizzen anboten, damit die jungen Erwachsenen nicht schon nach drei Bier voll waren. Wer also gleich zu Beginn, um zehn Uhr, da war und noch nicht zu Abend gegessen hatte, konnte ein paar Stücke abgreifen und dem Magen eine kleine Grundlage für den restlichen Abend geben. Voraussetzung dafür war aber dann auch, dass man nicht zu schnell betrunken werden wollte. Möglicherweise war aber genau das die Absicht aller einheimischen Studenten. Nach vier Monaten intensiver Recherchen bin ich mir sogar absolut sicher, dass genau das ihre Absicht war. Verständlich, bedenkt man die Preise für den Alkohol. Spirituosen kosteten, verglichen mit Deutschland, teilweise das Dreifache. Man musste also bei möglichst geringem finanziellen Aufwand mit möglichst wenig Alkohol eine möglichst große Wirkung erzielen. Eine einfache „Kotzen-Nutzen-Rechnung".

Ich begnügte mich derweil mit dem günstigsten australischen Bier. „XXXX Gold" wurde zu meinem Lieblingsbier und ließ mich mit seinen, für ein „Frühstücksbier" recht starken, dreikommaacht Prozent die meisten Abstürze der anderen miterleben – und davon gab es einige. Meist traf es dabei eben die Australier. Gerade noch schienen sie nur angetrunken zu sein und eine halbe Stunde später konnten sie rein gar nichts mehr. Sie tranken im wahrsten Sinne des Wortes bis zum Umfallen und bei den angesprochenen Alkoholpreisen dann doch auch koste es was es wolle. Mit steigenden Prozenten wurden andere Dinge etwas offener gehandhabt.

Ohnehin schon sehr locker und ohne große Scham ausgestattet, präsentierten sich die „Aussies" nun noch freizügiger. Das Rumlaufen in Unterwäsche war bei Mann und Frau Gang und Gäbe. Das witzige dabei war, dass dieser Zustand meist schon gegen neun, halb zehn einsetzte. Eine Uhrzeit zu der man in Deutschland für gewöhnlich gerade mit dem Vortrinken anfängt.

Ein Abend an dem gefeiert wurde blieb mir in Erinnerung. Auch ich hatte seit gut fünf Stunden getrunken, ging nach Hause, machte mir noch in aller Ruhe etwas zu essen und legte mich anschließend ins

Bett – um viertel nach elf. Irgendwas lief doch da verkehrt. Im ersten Moment schien es so, aber die Tatsache, dass man vor Mitternacht betrunken im Bett liegt, hat auch etwas Gutes. Man hat definitiv noch genug Zeit sich auszuschlafen, um am nächsten Tag wieder nüchtern in die Uni zu gehen.

Apropos schlafen: Die eben angesprochene Freizügigkeit war für alle, die es denn wollten, wie eine schriftliche Einladung miteinander rumzumachen. Was man da teilweise für Geschichten mitbekam, wer mit wem, wann und wie oft – alle Achtung. Die Fragen wieso, weshalb, warum schienen sich die meisten allerdings nicht zu stellen. Da hatte ein Mädel an dem einen Tag den einen aus dem Appartement, am nächsten Tag den anderen, bester Kumpel des einen, und ´ne Woche später war dann ein anderes Mädel an der Reihe. Auch sie durfte dann mal mit dem Einen und mal mit dem Anderen. Es gab Leute, die zu betrunken waren einen hochzubekommen und andere, die den Akt mitten in der Nacht in die Dusche verlegten und dadurch, wohl dank des Wasserdampfes, den Rauchalarm auslösten. Dumm gelaufen, spätestens mit diesem schrillen Ton hatte es die Nachbarschaft mitbekommen.

Ich hatte mir mal überlegt, und da möchte ich mich auch gar nicht ausnehmen, dass in den beiden Studentenanlagen nahezu jeder mit jedem – zumindest die Singles (und bestimmt ein paar mehr) – über Umwege rumgeknutscht hatte...mindestens.

Aber so viel Haut wie die Mädels bisweilen zeigten, so wenig Hirn schienen sie im Kopf zu haben. Es gab einige, die eine top Figur vorzuweisen hatten und diese auch zu präsentieren wussten. Unter ihnen dann aber auch immer welche, die schlicht nicht hübsch waren, um nicht zu sagen, bratzig aussahen. Viel Haut, Highheels und kurze Kleider sollten darüber wohl hinwegtäuschen. Bedauernswerter Weise oft genug mit Erfolg! Eine Sache wurde mir aber mit der Zeit klar. Mama brauchte keine Sorgen zu haben, ich könnte mich in eine Nichteuropäerin verlieben und für alle Zeit weit weg von zu Hause leben wollen. Die Frau fürs Leben befand sich definitiv nicht unter ihnen. Oder klingt folgendes überzeugend?

Mama, Papa, ich habe eine neue Freundin. Wenn ihr wollt, kann ich euch ein paar Bilder von ihr zeigen, auf Facebook sind eine ganze Reihe zu finden. Das ist sie in Unterwäsche; hier war Mottoparty „Tennis hoes"; an diesem Abend war sie strunzen voll und hat sich mit ihren gleichaltrigen, siebzehnjährigen Freundinnen ausgezogen; und hier hab ich noch ein Bild von ihr, an dem Abend an dem wir zusammengekommen sind. Da macht sie grad mit einem Kumpel von mir rum.

Wohl eher NICHT!!!

Ich habe mich verliebt

Die große Tour würde ich noch am Ende meines Australienaufenthalts machen, sodass zwischendurch, nicht zuletzt auch aus finanziellen Gründen, eher kein Platz für ausgefallene Reisen war. Bei einem Wochenendausflug konnte ich aber nicht nein sagen. Als mich einige Wochen vorher eine Freundin gefragt hatte, ob ich mit ihr und zwei weiteren Freundinnen nach Sydney fliegen wollte, dachte ich im ersten Moment: „Ich kann doch nicht einfach mit drei Frauen so mir nichts dir nichts nach Sydney...UND OB ICH DAS KANN!"
Sie suchten wen, der beim Weggehen ein Auge auf sie werfen würde. Abgesehen davon, dass schließlich eine ganze Reihe Typen ein oder mehrere Augen auf sie warfen, musste ich nicht eingreifen.

Ich begab mich also mit Caro (Deutschland), Melissa (USA) und Sanna (Schweden) auf Reisen. Wir flogen vom „Sunshine Coast Airport" ab. Ein Flughafen, der von seinen Ausmaßen mit vielen deutschen Regionalflughäfen zu vergleichen ist. Einzig und allein mit dem Unterschied, dass dort neben Sportflugzeugen und kleineren Düsenmaschinen auch normale Passagierflugzeuge starteten und auch immer noch starten. Der Betrieb ist aber ähnlich. Die zwei Geschäfte, die im Flughafengebäude zu finden sind wurden extra eine runde Stunde vor Ankunft des Fliegers geöffnet und kurz vorm Abheben wieder geschlossen. Während solche Flughäfen in Deutschland aber nach und nach verrotten und irgendwann ganz aufgegeben werden, gibt es in Australien genug Fluggesellschaften, die mehr als genug Passagiere innerhalb Australiens von A nach B bringen.

Genug von Flughäfen, knappe anderthalb Flugstunden später waren wir in Sydney, fuhren schnell mit dem Taxi ins Hotel und stürzten uns kurz drauf ins Nachtleben.

An dieser Stelle kann ich nur jedem, der in Sydney auf die Rolle gehen will, raten, im *Ivy´s* feiern zu gehen! Der Club ist der totale Wahnsinn. Nicht weil die Musik besonders gut ist. Gespielt werden die üblichen Sachen, die man von überall her kennt. Ebenso liegt es nicht an den Cocktails, dass der Club was Außergewöhnliches ist. Aus Angst, den Laden mit einem leeren Portmonee zu verlassen, probierten wir die Getränke erst gar nicht aus. Das Faszinierende ist die Location an sich. Es erinnert alles eher an ein nobles Hotel mit Wendeltreppe in die oberen Etagen und zu, durch ein paar Treppenstufen, abgetrennten Bereichen, in denen man einfach zwischendurch auch mal gemütlich sitzen kann. Und das alles, als wäre das nicht schon überragend genug, unter dem Sternenhimmel Sydneys. Dass nebenan zudem in der vierten Etage eine Poolbar – und damit meine ich nicht den Tisch mit den Kugeln – ist, war am ersten Abend die absolute Krönung.

Es war alles perfekt und trotzdem fühlte ich mich an diesem Abend nicht hundert prozentig wohl. Warum? Ich war mit Jeans und einem guten Hemd total underdressed. Wer in diesem Laden feiern gehen und nicht auffallen möchte, sollte Anzug tragen. Und wenn man dann noch gewohnt ist, mit der Champagner-flasche in der Hand an teuren Zigarren zu ziehen und abzugehen, gehört man dazu.

Es ging zwar gleich in die Vollen aber das Wochenende beinhaltete nicht nur Feierei. Dafür hatten die Mädels gesorgt, indem sie schon vorher das ganze Programm für das Wochenende durchexerziert hatten. Am nächsten Morgen ging es um zehn Uhr auf eine zweieinhalbstündige „Walking-Tour" durch die Stadt. Wer noch nie in Sydney war und erst einmal einen kleinen Überblick haben möchte, ist hier genau richtig. Auch das kann ich also jedem empfehlen.

Nicht empfehlen kann ich dagegen, vorher nur einige wenige Stunden zu schlafen. Aber was sollten wir machen. Wir wollten so viel wie nur irgend möglich erleben und hatten lediglich drei Tage Zeit. Wir schlenderten durch die Stadt, erfuhren mehr über das *Queen Victoria Building*, besuchten *The Rocks Markets* und erreichten schließlich am Ende den *Circular Quay*. Egal wie lange man sich zu diesem Zeitpunkt schon in der Stadt befindet. Der Moment, in dem man die *Harbor Bridge* und das *Opera House* zum ersten Mal sieht, ist der Punkt an dem man realisiert: „Jo, ich bin in Sydney!"

Der Platz am Wasser, zwischen Brücke und Opernhaus, hatte für mich bei strahlendem Sonnenschein eine ganz besondere Atmosphäre. Ein Gefühl, was ich in der Form noch nicht kannte. Ja Mama, ich hatte mich verliebt, weit weg von zu Hause…

…in eine Stadt.

Für die geplante Party am Abend waren dann alle vier von uns viel zu müde. Zum einen, weil wir gefühlt einen Halbmarathon hinter uns hatten und zum anderen, weil wir nach einem *Legendary Aussie Burger* im Hardrock-Café im Darling Harbor froh waren, dass wir es noch ins Hotel schafften. Wir wären am liebsten vor Ort mit dem Gesicht auf dem leergegessenen Teller einge-schlafen. Der Burger selbst und jeder einzelne der dreiundzwanzig Dollar, die er gekostet hatte, waren es aber wert und wir registrieren an dieser Stelle ein weiteres Muss auf der „Sydney-to-do-Liste".

Den Legendary Aussie Burger noch immer nicht komplett verdaut, ging es samstags morgens zu den *Paddy´s Markets*. Ein Markt oder besser eine große Halle, in der alle möglichen Händler ihren Kram anbieten. Wer Souvenirs oder Massagen (come here…massage…free example…I show you – STOP TOUCHING ME!!!) braucht, ist hier richtig. Auch wer Haarverlängerungen benötigt findet hier das Richtige oder kann sich zumindest Ewigkeiten damit beschäftigen…wie die Mädels.

Als diese im Anschluss auch noch „richtig" shoppen wollten, schrillten bei mir die Alarmglocken und ich setzte mich dann doch mal von ihnen ab. Ich spazierte auf der anderen Seite der Harbor Bridge durch Straßen mit alten Häusern, schlenderte am *Kirribilli House* (Sommerresidenz des Premierministers, der aber, wie man mir mitteilte, seit Ewigkeiten nicht mehr dagewesen war.) vorbei, gönnte mir ein teures Stück Kuchen und tat vor allem einmal eine halbe Stunde nichts. Ich genoss einfach nur den Anblick der Skyline. Bei Sonnenuntergang wurden dann schnell noch ein paar Fotos von der Brücke aus geschossen und es ging zurück ins Hotel.

Es war schon der letzte Abend und nachdem tags zuvor nichts gemacht worden war, musste man ein weiteres Mal auf die Rolle gehen. Wir machten aus einem Karten- ein Trinkspiel, leerten den preisgünstigen oder besser gesagt billigen *Goon* und erreichten schon im Hotel den richtigen Pegel, um zwei glatzköpfige Footballfans aus Adelaide um die vierzig aufzufordern, mit uns feiern zu gehen. Zumindest einer der beiden, Doug, der Zwei-Meter-Hüne, konnte den Überredungskünsten der Mädels nicht widerstehen. Für ein Footballspiel nach Sydney gekommen, hatte er sich wohl kaum erträumen lassen, dass der Abend einen solchen Verlauf nehmen würde. Allerdings befürchte ich, dass er am nächsten Morgen auch annahm nur geträumt zu haben; so voll wie er war. Wir waren heilfroh, dass er früh morgens in der Lage war – wenngleich er die meisten Bürgersteige in ihrer ganzen

Breite vermessen hatte –aus eigener Kraft den Weg zum Hotel zurückzulegen. Was klar war: Er hatte seinen Spaß…und wir auch!

Es gab aber ohnehin nicht viel, was mir die Laune hätte verderben können. Logisch, ich war mit drei Frauen in Sydney unterwegs. Nur war das gar nicht der Grund. Jedenfalls nicht der Hauptgrund. Wenn man in Sydney eine Nacht unterwegs ist, überall was trinkt und am Ende mehr Geld als vorher in der Tasche hat, würde keiner klagen, denke ich.

Ziemlich zu Beginn unserer Kneipentour bezahlte ich mit einem Zwanzig-Dollar-Schein und bekam auf fünfzig mein Wechselgeld hingelegt. Eins der Mädels bekam es mit, registrierte was passiert war, sah mein verblüfftes Gesicht und gab mir, bevor ich die Chance noch irgendwie verspielt hätte, zu verstehen, ich solle das Geld doch nun einstecken. Ich hatte dreißig Dollar verdient, weil ich ein Bier bestellt hatte. In dem Moment wusste ich, was mit „work and travel" gemeint ist. Ich hätte mich daran gewöhnen können. Es blieb aber leider der einzige Verdienst in Australien.

Nach einer Weile kamen wir schließlich im berüchtigten Stadtteil *Kings Cross* an. Eine Ecke Sydney´s, an der man sich, wie uns der Taxifahrer versichert hatte, lieber an den Händen halten sollte. Andernfalls ginge man verloren. Unser Freund Doug ging das ein oder andere Mal verloren. Ehrlich gesagt wollte ihn aber auch keiner an den Händen halten…ich jedenfalls nicht.

Insgesamt war es aber gar nicht so schlimm. Wir kamen am frühen Morgen unversehrt in unserem Hotel an und konnten nur hoffen, dass auch Doug schließlich den Weg zurückfand. Doch, sollte er…oder doch nicht…ging er mit uns ins Hotel? …fuhr er mit uns im Aufzug? Jaaa gut, so ganz nüchtern waren wir alle nicht!

Abgerundet wurde der Aufenthalt in der Hauptstadt des Bundesstaates New South Wales dann letztlich am Sonntagvormittag als wir am *Bondi Beach* noch ein wenig die Sonne genießen konnten. Um zwölf Uhr dreißig lagen wir noch am Strand von Sydney, fünf Stunden später standen wir dann, nach einem rundum gelungenen Wochenende, wieder auf dem Rollfeld des Sunshine Coast Airports.

Es würde nicht der letzte Besuch in Sydney gewesen sein.

Unileben

Ich war für ein Auslandssemester in Australien, also zum Studieren. Das beinhaltete auch, dass ich in die Uni gehen musste. Das heißt, gemusst hätte ich nur zu den Klausuren, eine Anwesenheitspflicht während des Semesters gab es soweit ich weiß nicht. In den Tutorials gab es zwar eine Anwesenheitsliste, aber ich bezweifle, dass die Anwesenheit, beziehungsweise die Abwesenheit, irgendeine Auswirkung auf die am Ende erreichte Punktzahl hatte. Naja, und zu den Vorlesungen musste man nun wirklich nicht hin. Aber der Reihe nach:

Als „study-abroad"-Student musste man mindestens drei und durfte maximal vier Kurse belegen. Ich kam in der Uni an und hatte vier Fächer im Stundenplan stehen. Eigentlich aber auch nur aus dem Grund, mich nach zwei, drei Wochen für die interessanteren drei zu entscheiden. Die Entscheidung war schnell gefallen, es gab eine Vorlesung, bei der ich nun gar nicht wusste, was mir die Dozentin nahe bringen wollte. Mal abgesehen davon, dass sie einen extremen, indischen Akzent hatte, schaffte sie es sich eine halbe Stunde an einer Folie festzubeißen und erzählte und erzählte und erzählte. Nur ich verstand leider nichts. Es wurde langweilig, damit uninteressant und die Wahl von „Fach 4" war gefallen.

Mein Semester bestand also jetzt aus drei Fächern und die Tatsache, dass mein Stundenplan nun von Montag ein Uhr bis Mittwoch zwei Uhr ging, war – sagen wir – nicht verkehrt.

In erster Linie ging es mir in dem knappen halben Jahr darum, die Erfahrung eines Auslandssemesters zu machen, mein Englisch zu verbessern und mal ´ne Weile von zu Hause weg zu sein. Okay, auch wollte ich die belegten Kurse bestehen, damit das Semester später auch in meinem Lebenslauf wiederzufinden ist und nicht als verloren gilt. Zwar hatte ich nicht vor, mir Kurse für mein Studium anrechnen zu lassen, aber es gibt sicherlich schlimmeres als ein Semester englischsprachig zu studieren.

Die drei Kurse, die ich nun das Semester über belegte waren grundlegende Kurse. So grundlegend, dass ich in der ersten Vorlesung des Faches „Physical Geography and Mapping" das erste Mal am australischen Bildungssystem zweifelte. Mir, oder besser uns, wurde erklärt, was Längen- und Breitengrade sind und dass die Welt in unterschiedliche Zeitzonen aufgeteilt ist. WAS, um alles in der, in Zeitzonen aufgeteilten, Welt lernen Australier in der Schule? Ich bin mir nicht sicher, wann dieses Thema in deutschen Schulen behandelt wird. Ich behaupte aber einfach mal, im Gegensatz zu Australien, lange bevor das erste Bier konsumiert wird. So sollte es dann auch nicht verwundern, dass die Geographiekenntnisse der Australier, zumindest vieler Australier, eher etwas mager ausfielen.

Es kam des Öfteren vor, dass man sie fragte, ob sie auf einer topographischen Karte Europas, Deutschland finden könnten, und sie verneinten. Kein Wunder, dass deutsche Ingenieure GESUCHT werden. Australier und Amerikaner taten sich da echt nicht viel…Ich lernte auch sie kennen.

Eines Tages kam ich mit einer Australierin ins Gespräch und fragte:

„Wo kommst du genau her?"

Ihrer Antwort „Aus einem Kaff hier an der Ostküste.", ließ ich direkt die nächste Frage

„Eher nördlich oder südlich von hier?"

folgen und war völlig perplex, als ich merkte, dass sie mit dieser Frage überfordert war. Sie hatte keine Ahnung in welche Richtung sie hätte fahren müssen, um nach Hause zu kommen. Gut, solche Extremfälle waren zum Glück auch die Ausnahme. Aber immerhin, ich hatte eine dieser Ausnahmen gefunden.

Ich musste mich in dem Geografiefach daran gewöhnen, dass das gelehrte eher Allgemeinwissen beinhaltete. Die anderen beiden Kurse waren wirklich um einiges interessanter und die Tutorials, inklusive Gruppenarbeiten und kleinen Präsentationen durchaus förderlich für meine persönlichen Auslandssemester-prioritäten. Es ging in erster Linie um Nachhaltigkeit, wo ich als Rohstoffingenieur immer schön die

Bergbauseite vertreten konnte. Das Thema meines ersten Assignments war der Klimawandel und die Tatsache, dass er menschengemacht und nicht natürlich ist. Wer kommt denn auf so eine These?! In einer Diskussionsrunde im Tutorial kamen meine Kommilitonen doch tatsächlich beim Thema „quality of life" darauf, dass Australien seine Exporte möglichst komplett einstellen sollte…

"Ja nee, is klar!"

ging mir durch den Kopf. Die zweiundzwanzig Millionen Menschen auf diesem Kontinent wollen ja auch irgendwie versorgt werden.

Übrigens gibt es in Melbourne ein Cricketstadion in das ein zweihundertstel der australischen Bevölkerung reinpasst. Das wäre so, als wolle man in Deutschland ein Gebäude bauen, in das vierhunderttausend Menschen reinpassen…naja, geplant war so was ja mal, allerdings wären wir dann beim Thema Geschichte und diese Geschichte hat mit Nachhaltigkeit dann wohl mal überhaupt nichts mehr zu tun. Ich komm vom Thema ab. Was war es doch gleich? Achja, Uni…die anderen Kurse.

Sie waren interessanter, nichtsdestotrotz musste ich auch in diesen Fächern das ein oder andere Mal mit dem Kopf schütteln. Der Dozent des einen Kurses war ein absoluter Film-Fan. Zum Ende jeder Vorlesung gab es einen Ausschnitt aus einem Film, der zum jeweiligen Vorlesungsthema passte oder passen sollte. Die

Auswahl beinhaltete unter anderem „Jurassic Park", „Matrix" und „Frankenstein", der Originalfilm aus dem Jahre Neunzehnhundertdrietindepief. Ich hatte manchmal den Eindruck bei einem, bedauerlicherweise durchschnittlichen, Stand-up-Comedian gelandet zu sein und nicht in einer ernsthaften Vorlesung in der Uni. Immerhin war seine Vorlesung so kurzweilig, dass ich mich jeden Dienstagmorgen aus dem Bett quälte, damit ich um acht Uhr in der Uni sein konnte. Manchmal sogar ein bisschen früher. Oft fing er schon zehn Minuten eher an und machte wirklich einen auf Comedian...gut, er versuchte es.

So gab es aber wenigstens eine Vorlesung, die abwechslungsreich war. Die des zweiten interessanten Faches war etwas trocken und die dritte, da hätte ich mich wie erwähnt auch nochmal in die siebte Klasse setzen können.

Oder ich hätte mir das Buch kaufen und es alles auf eigene Faust durchlesen können. Ein Buch, was für den Kurs vorgesehen war – eigentlich – und mich stolze hundertdreißig Dollar gekostet hätte. Konjunktiv deswegen, weil ich es natürlich nicht kaufte. Auszüge aus dem Buch fand ich glücklicherweise im Internet und eventuelle Aufgabenstellungen auf Seiten, die nicht im Internet zu finden waren, konnte man wenn notwendig auch im Buchladen abfotografieren. Ich kam mir in solchen Momenten zwar teilweise etwas armselig vor, die hundertdreißig Dollar waren es mir aber wert!

Die Bücher waren so eine Geschichte für sich. Studenten, die wirklich ein Studium an der Uni absolvierten und auf Bücher zu Kursen angewiesen waren, gaben ein Vermögen aus. Bücher unter sechzig oder siebzig Dollar waren eine Seltenheit. Gewöhnlich waren Preise um hundert, hundertzwanzig Dollar und die Spitze ging weit über zweihundert. Was bitte rechtfertigt einen solchen Preis für ein Buch!? Ich konnte es nicht nachvollziehen. Welche Chance hatte man in dem Fall? Es gab den sogenannten „Book Exchange". Dort konnten gebrauchte Bücher gekauft werden. Zu deutlich geringeren Preisen. Allerdings auch in deutlich geringeren Stückzahlen. Man musste Glück haben, dass genau das Buch, was man suchte auch zu bekommen war. In einem Fach hatte ich Glück und ich entschied mich, ein Buch für neununddreißig Dollar zu kaufen. Im Vergleich zum Originalpreis ein Schnäppchen. Auf Grund der Tatsache, dass es der Kurs war, den ich nach zwei Wochen abwählte aber eher ein Griff ins Klo! Ich war jedenfalls froh, dass ich in meinem Semester nicht zu dem Kauf von Büchern verpflichtet war.

Ich könnte mich an dieser Stelle noch ein wenig mehr über den Geografiekurs aufregen. Darüber aufregen, dass auch die Tutorials für den Ars... für die Katz waren – oder sagt man im Falle von Australien „für den Koal"? ... ok, der war schlecht – weil man einfach die Aufgaben bearbeitete. Genau das hätte man aber auch zu Hause machen können. Weiterhin könnte ich mich aufregen, dass Kommunikation in diesem Kurs ein Fremdwort war.

Ich könnte aber auch noch ein Beispiel der höchst ansprechenden Aufgaben und der noch größeren intellektuellen Leistungen bringen.

Folgende Situation:

Es ging um Lebensräume und Populationen. Wir hatten nun eine Population (Ansammlung von Perlen), mit verschiedenen Spezies (Farben), die wir zählen mussten. Nein, ich machte kein Praktikum im Kindergarten, ich studierte! Wir hatten uns gedacht – im Nachhinein muss ich sagen, ich hatte mir gedacht – dass es wohl einfacher wäre, wenn man insgesamt einhundert Lebewesen (einzelne Perlen) zählt und dann die einzelnen Spezies (Farben). So hat man erst die absolute Zahl der jeweiligen Spezies (Farbe) und kann dann ganz einfach auch die relative Verteilung, also den prozentualen Anteil in der Tabelle eintragen...so und so viel von hundert eben...

Ungefähr so überrascht wie ich war, als ich sah, dass die beiden anderen in meiner Gruppe nun mittels Taschenrechner die prozentuale Verteilung aus-"rechneten", waren die, als sie sahen: „OH, da kommt ja das gleiche raus".

Eins musste ich ihnen dann doch noch zugutehalten. Sie wussten immerhin wie sie ihren Taschenrechner zu bedienen hatten. Das wussten noch lange nicht alle. Es gab auch den ein oder anderen erwachsenen Menschen – und damit meine ich jetzt nicht den mit gefährlichem Halbwissen ausgestatteten, spätpubertierenden Erstsemestler – der Probleme mit der Rechtschreibung der eigenen Muttersprache hatte. Teilweise guckten sie mich fragend an, wie denn dieses oder jenes Wort geschrieben würde. Jaja, „Physical Geography and Mapping…das Interessante war das Uninteressante.

Positiv war immerhin das Organisatorische. Allerdings lag das wohl weniger am Kurs als vielmehr an der Uni. Das kann man nicht anders sagen, planerisch hat man der Uni nichts vormachen können. Zumindest bei mir klappte jegliches Anmelden und Abmelden sowie die Überlieferung von Terminänderungen problemlos via Internet.
Was sich dann zunächst als großes Durcheinander anhörte, entpuppte sich schließlich als ein finales, großes, organisatorisches Meisterwerk.

Die Klausuren wurden allesamt in der Sporthalle geschrieben. Nicht nur Kursweise. Mehrere Kurse, zum Teil vier oder fünf, schrieben gleichzeitig. Wie sollte das gutgehen?! Schließlich gab es rund achthundert Plätze. Aber es ging gut, es war alles durchgeplant. Ich kam wie gewöhnlich für eine Klausur mit meiner Tasche an der Uni an und musste selbige erst mal abgeben. Taschen waren in der Klausur, vielmehr in der Sporthalle, nicht erlaubt. Ein Container stand dafür bereit. Dort reihte man sich auf und bekam wie an der Garderobe ein

Nümmerchen. Nun konnte man reingehen. Stopp! So einfach war das jetzt auch nicht. Per Los wurden die Plätze verteilt, auf denen die Klausuren für den jeweiligen Kurs bereit lagen. Nummer gezogen und mit dem Lutscher, den noch jeder Student geschenkt bekam, auf die Suche nach seinem Platz gemacht. Alles was man jetzt noch bei sich hatte war ein Stift. Wer nun fälschlicherweise ein ganzes Mäppchen mit reingenommen hatte musste den Stift rausnehmen und das Mäppchen auf den Boden legen, an dem Platz, den man dann endlich gefunden hatte. Nun wurde man noch circa neun Mal darauf hingewiesen, dass man dringend einen Lichtbildausweis bei sich haben muss, um die Klausur auch schreiben zu dürfen. Wer keinen Lichtbildausweis hatte, konnte die Klausur nicht schreiben. Achja, und einen Lichtbildausweis musste man dabei haben. Neben das Mäppchen, was schon auf dem Boden lag, wurde dann auch das Handy gelegt. Natürlich nachdem man es ausgeschaltet und den Akku rausgenommen hatte. Alles was man brauchte, lag vorbereitet auf dem Tisch. Streng genommen durfte auch nur eine durchsichtige Trinkflasche mit rein-genommen werden. Allerdings wurde da ein Auge zugedrückt. So kleinkariert war man dann doch nicht. Trotzdem hatte ich ein wenig das Gefühl, bei der ersten falschen Bewegung von der Klausur ausgeschlossen zu werden.

Nachdem man nochmal darauf hingewiesen wurde, einen Lichtbildausweis bereit liegen zu haben, ging es zum offiziellen Teil. Es saßen Studenten aus vier Kursen in der Sporthalle. Also gab es auch vier unterschiedliche Klausuren und somit unter Umständen auch vier verschiedene Zeiten der Abgabe. Der eine Kurs durfte dieses, der andere jenes, was der erste nicht durfte, und Kurs drei durfte wieder was anderes als Kurs vier. Die einen hatten zehn Minuten Zeit sich die Klausur erst einmal anzugucken, die anderen einen multiple-choice-Antwortbogen, der, wegen maschineller Auswertung, nur mit einem Bleistift der Stärke 2B beschrieben werden durfte vor sich, und der Rest schon jetzt die Nerven blank liegen.

Eine Vielzahl an Helfern wuselte zwischen den Tischen herum, verteilte noch Stifte an die, die nicht den richtigen dabei hatten, Taschenrechner an die, die einen brauchten und damit umzugehen wussten, und passten im Anschluss darauf auf, dass niemand fuschte…was unter all diesen Umständen absolut UNMÖGLICH war. Die folgenden zwei Stunden waren dann wieder so, wie man eine Klausur aus Deutschland gewohnt war. Hier ´ne Frage, die man beantworten konnte, da ´ne Frage, wo man einfach mal ins Blaue hinein die korrekte Antwort riet und am Ende das Gefühl: „Jo, passt schon!"

Es war alles, wirklich alles durchgeplant, von der ersten Vorlesung bis zur Klausur und trotzdem gab es am Ende des Semesters auf einmal den Moment, wo ich dann doch noch einen Flecken auf der weißen Uniweste fand und dachte:

„Oh mein Gott, was seid ihr für Amateure."

Im letzten Tutorial des interessantesten Kurses, dem „Film"-Kurs, stand für jeden eine zehnminütige Präsentation an. Wie sollten aber zwanzig Leute in neunzig Minuten je zehn Minuten vortragen?! Kein Problem, es wurden vier Fünfer-Gruppen gebildet und auf die vier Ecken des Raums verteilt. Wie bitte?! Wir hatten jetzt vier Gruppen von denen gleichzeitig je einer mit Hilfe eines Laptops vortrug?! Korrekt…Das war ein Spaß!

In der einen Ecke ging es um das Projekt „Desertec", in der anderen um das Thema Impfungen, in der dritten um nachhaltigeres Leben im Haushalt und in der letzten um die Folgen der Flözgasgewinnung. Es war nicht einfach, sich zu konzentrieren und jemand der reinkam, hatte nach zehn Minuten möglicherweise folgenden Vortrag gehört:

„Sehr geehrte Damen und Herren, in diesem Vortrag zeige ich Ihnen näheres zu den aktuellen Methoden der Medizin in Bezug auf Impfungen. Außerdem spreche ich die damit verbundenen Risiken beim Eindringen in tiefere Schichten des Erdkörpers an und zeige im Anschluss politische Konflikte im Innern auf, aber auch Chancen die entstehen, sobald eine nachhaltigere Lebensweise mit Hilfe von Solarenergie vorgelebt wird.

Ein jeder von uns weiß, wie wichtig Impfungen für unser Immunsystem sind. Nichtsdestotrotz gibt es auch bei solchen Dingen immer ein gewisses Risiko. Die gängigste Methode ist dabei natürlich die Spritze. Dabei dringt die Bohrung Kilometer tief in den Körper ein und setzt mit Hilfe der Fracking-Methode Chemikalien im Blut frei. Die dabei entstandene Energie gelangt, im Gegensatz zur in Wüsten gewonnenen Solarenergie, über die Arterien zum Haushalt. Damit nun möglichst wenig Energie verbraucht wird, stehen in vielen Gärten Anlagen, die neue Impfstoffe aus dem Boden extrahieren. So muss man nun lediglich noch den zehntausend Watt Toaster für die Gewinnung von Flözgasen an die Ampulle anschließen und die Methode ist ein geschlossener Kreislauf. Eine Technik mit der, und das beweisen eine Reihe von Studien, in Zukunft viele Leben gerettet werden können.

Die eigentlich doch saubere Methode stößt allerdings bei vielen Leuten auf Kritik. Unverantwortlich finden diese, dass die Injektionsnadel vor dem sogenannten Impfen mit einem Bohrkopf versehen wird, der einen Durchmesser von zwanzig Zoll aufweist. Ebenfalls ungeheuerlich finden die Kritiker, dass man im Anschluss daran dann auch noch geotherme Energie aus dem Oberarm gewinnen will.

Jeder müsse im Zuge nachhaltigeren Lebens seinen Teil dazu beitragen und ein Opfer bringen, sagen Befürworter des Wüstenprojekts. Lieber arm dran als Arm ab, meinen auch große Bergbauunternehmen. Immerhin wird der Impfstoff aus der Wüste Nordafrikas über Pipelines bis nach Mitteleuropa gefördert. Es profitiert letztlich jeder davon, da müsse man halt mal auf die Zähne beißen.

Auf Granit beißen dagegen die absoluten Gegner der Grippeschutzimpfung, wenn es um das Thema Kraftstoffverbrauch geht. Langjährige Forschungen belegen zweifelsfrei, dass eine Impfung einen CO_2-Ausstoß hat, der nahe gegen null geht."

Was will man mehr?!

Ausgestoßen fühlte sich sicher auch der jemand, der mit großen Augen den vier Vorträgen zu folgen versuchte oder zumindest einem. Die meisten Vortragenden hätten diesen Jemand überhaupt nicht wahrgenommen. Sie hatten sich an ihre Karteikarten festgekrallt und gingen ihren „Vortrag" Satz für Satz durch. Übrigens auch eine Sache, wo sich die meisten Australier von den internationalen Studenten unterschieden. Es wurde scheinbar mehr Wert auf formelle Dinge gelegt. Dinge wie die korrekte Aufführung der genutzten Quellen. Absolut, wie man seine Referenzen angibt, ist weitaus wichtiger als die Zuhörenden zwischendurch mal anzugucken und einen zehnminütigen Vortrag frei vorzutragen. Manchmal verstand man die Prioritäten des australischen Bildungswesens einfach nicht.

Apropos Referenzen; für die Assignments gab es auch immer Vorgaben, welche Art Quellen man benutzt haben musste. Es musste ein Buch dabei sein. Eine Internetquelle, welche aber wissenschaftlich verifiziert wurde. Dann noch eine Quelle aus einer wissenschaftlichen Zeitschrift oder einem Magazin und ein Artikel vom Government. Auch war eine Quelle aus einem Buch, wenn auch vierzig Jahre alt, beliebter als eine aktuelle, nach eigenem Ermessen als glaubwürdig eingeschätzte, Internetseite. Der Idealfall wäre wohl eine vierzig Jahre alte Internetseite von offizieller Stelle gewesen. Da konnte man nur mit dem Kopf schütteln.

Wie gingen die meisten vor, zumindest weiß ich es von einigen Deutschen. Sie füllten die Assignments mit dem, was sie selbst wussten und sich irgendwann angelesen hatten und suchten im Anschluss die passenden Quellen. Warum auch nicht!?

Das Verabschieden

Es mag vielleicht ein bisschen komisch klingen, aber beim Abschied von all den Unileuten war ich den Tränen näher als beim Abschied von der Familie vor dem Semester. Der Unterschied lag aber auf der Hand. Bei der Familie war ich mir sicher, dass ich 100% der Leute wiedersehen würde. Eigentlich sogar 110%, da bei meiner Rückkehr auch ein kleiner Neffe auf mich warten sollte.

Das war bei den australischen Kommilitonen anders. Abgesehen von den Deutschen, die ja einigermaßen in Reichweite sein würden, werde ich da vielleicht 2,5% irgendwann in meinem Leben wiedersehen, oder wie auf australischen Milchtüten stehen würde, 97,5% werde ich niemals mehr zu Gesicht bekommen. Und genau das war das Traurige, weshalb gestandene (junge) Männer anfingen laut los zu heulen – was in manchen Fällen auch ein wenig übertrieben war. Man will ja gar nicht unbedingt alle wiedersehen, aber der ein oder andere oder die ein oder andere war dann doch dabei, die man nochmal treffen und in die Arme schließen möchte. Nun war aber erst einmal Zeit, Abschied zu nehmen. Der Sonntagabend, der für viele Leute der letzte Abend an der Sunshine Coast sein sollte, wurde zunächst in den Appartements eingeläutet. Alle möglichen Leute, wieder einmal aus allen möglichen Ländern, waren gekommen, um sich gegenseitig auf Wiedersehen zu sagen. Das wurde zum einen mündlich, zum anderen aber auch schriftlich in

Erinnerungsbüchern gemacht. Mit ein paar netten Worten konnte man sich hier und da verewigen. Auch ich hatte diese Möglichkeit. Im Buch von Lucie, einer der lustigsten und bestgelauntesten Menschen, der in der Studentenanlage rumlief. Wo sie nur konnte, verbreitete sie gute Laune und steckte andere mit ihrer Art schlichtweg an.

Nun stand ich da und musste mir was Gutes überlegen. Ein Spruch fiel mir nicht ein, schon gar nicht auf Englisch, und das allgegenwärtige „…miss you-Bla bla…" wollte ich nicht auch noch reinschreiben. Ich entschied mich letztlich dafür, einfach das reinzuschreiben, was mir grad in den Kopf kam. Ich schrieb unter anderem, dass es eine Freude war, sie kennengelernt zu haben und dass Frankreich zugegebenermaßen nicht zu meinen favorisierten Ländern gehörte, ich aber von den „Frenchies", sie natürlich eingeschlossen, überzeugt wurde.

Der Abend nahm seinen Lauf und endete, für einen Sonntag nichts ungewöhnliches, im *O´malleys*, einem Irish Pub. Was an diesem Abend aber dann doch ungewöhnlich war, es sollte der letzte sein. Nach und nach verabschiedeten sich die Leute bis schließlich auch ich meine Runde machen sollte. Eine Runde, die ihre Zeit dauerte und in der ich dann auch bei Lucie vorbeikam. Wir umarmten uns, lasen zusammen meinen Eintrag und plötzlich stand die immer fröhliche und immer gut gelaunte Lucie schluchzend vor mir und kämpfte mit den Tränen.

Ob man besonders viel miteinander zu tun hatte oder nicht, man kannte sich und hatte zusammen gefeiert und gelacht. Und genau das wurde einem jetzt klar. Es gab Leute, die hatte man leider viel zu spät kennengelernt, sodass man mit denen beispielsweise erst in den letzten zwei, drei Wochen mehr unternommen hatte und sich nun ärgerte, dass so etwas nicht früher zustande gekommen war. Noch andere hatte man zwar vom Sehen her gekannt, hatte aber eigentlich nie etwas mit ihnen zu tun gehabt. Worüber man sich teilweise auch ärgerte. Es war durchaus vorgekommen, dass man jemanden völlig falsch eingeschätzt hatte, bevor man mit demjenigen ein paar Worte wechselte – im positiven wie im negativen Sinne. Und so gab es noch weitere Leute, die man gerne näher kennengelernt hätte. Aber so ist es ja eigentlich immer. Man ist nie mit dem zufrieden, was man gehabt hat und genau das ist Blödsinn. Wenn ich an die Zeit zurückdenke, ist enttäuscht zu sein das falscheste was man sein kann. Ich höre auf zu meckern und bin einfach fröhlich. Absolut fröhlich mit dem was ich hatte.

Ganz ehrlich, das, was ich hatte, waren nicht irgendwelche Leute oder irgendwelche Kommilitonen – ich hatte Freunde; und wenn ich will, werde ich diese Freunde wiedersehen…

Ich werde sie wiedersehen!!!

Die Tour steht bevor

Ich hatte mich von den meisten Leuten verabschiedet, die letzte Klausur war geschrieben und damit das Semester an der University of the Sunshine Coast Geschichte. Ich konnte es selber nicht glauben, dass es fast hundertfünfunddreißig Tage her war, als ich in Düsseldorf aufbrach. Ebenso komisch kam es mir vor wenn ich über Singapur nachdachte. Dann kramte ich irgendwo in meinen Erinnerungen und überlegte: „Wann war das denn nochmal, als ich in den foodcourts auf der Orchard Road gegessen und ein Bier auf Sentosa Island getrunken hatte... Achja, das war ja unmittelbar vor Australien und ich war in der Zwischenzeit noch nicht wieder zu Hause." Der Gedanke daran war einfach irre. Das Semester war also vorbei und die Rückreise stand bevor – noch nicht ganz. Bevor es soweit war, galt es das Land zu erkunden. Und wenn ich „das Land" sage, meine ich eigentlich den Kontinent. Es ist nahezu unvorstellbar, was für Entfernungen in dem Land zurückgelegt werden können. Der Australier an sich ist aber auch an dieser Stelle sehr locker und regt sich nicht auf, wenn er mal auf eine Geburtstagsparty im tausend Kilometer entfernten „Nachbarort" eingeladen ist. Dann setzt er sich ins Auto und freut sich auf eine schöne Party – zwölf Stunden später. Es gab nicht viel, was man sich von der australischen Mentalität hätte abgucken müssen. Diese Sache würde ich aber einfach mal übernehmen und mich auf die Reise machen.

Ich würde:

Von **Mönchengladbach** nach **Brest** fliegen.

anschließend mit dem Zug nach **Ankara** fahren

und weiter nach **Tripolis** fliegen,

um von da aus für eine Nacht einen Abstecher in die **Sahara** zu machen.

Innerhalb der nächsten fünf Tage würde ich dann wieder über **Tripolis** nach **Barcelona** „fahren" und nach **Glasgow** fliegen.

Die letzte Etappe ginge dann wieder per Flugzeug nach **Dortmund**, wo ich mir ein Auto mieten würde, um zurück nach **Mönchengladbach** zu fahren.

Natürlich würde ich nicht DIESE Tour machen, aber die Entfernungen sind ungefähr die gleichen und ich hoffe, geografisch bewanderte Personen (die meisten Australier ausgenommen) können sich so leichter ein Bild von den Distanzen machen. Ich befürchte aber, dass es bei solch unvorstellbaren Entfernungen nur bei einem Versuch bleibt.

Wie sollte also meine echte Tour aussehen?!

Zunächst würde ich von der **Sunshine Coast** nach **Sydney** aufbrechen und zwei Tage dort bleiben, bevor ich mit dem *Indian-Pacific* nach **Perth** fahren würde. Die Fahrt würde geschlagene drei Tage dauern, geht quer durch das Land und somit quer durch unendliche Weiten, beinhaltet das längste Geradeausstück der Welt (vierhundertfünfundsiebzig Kilometer) und würde schließlich in Perth, in der einsamsten Großstadt der Welt, enden. Drei Tage später ging es auch schon weiter nach **Alice Springs** von wo aus am nächsten Tag eine sieben-Tage-Tour starten würde. Viele landschaftliche Highlights später würde die Tour in **Darwin** enden. Auch dort würde nicht viel Zeit zum Ausruhen bleiben. Früh am nächsten Morgen würde ich weiter nach **Cairns** fliegen, um am Great Barrier Reef zu schnorcheln und im Regenwald die Seele baumeln zu lassen. Hoffentlich etwas ausgeruht würde es dann auf die letzte Etappe nach **Brisbane** gehen von wo aus ich ein letztes Mal nach **Sippy Downs** fahren würde.

Schließlich müsste man sich nochmal gebührend von allen Freunden, die dann noch vor Ort sein sollten, verabschieden.
Nach dann circa sechzehntausend Kilometern durch Australien müsste ich nur noch einmal die gleiche Strecke nach Deutschland zurücklegen, um dann mit einem lachenden und einem weinenden Auge auf großartige hunderteinundsechzig Tage zurückzuschauen.

Auf ging´s!

Die Tour (Teil1)
Mit dem Zug durch Nirgendwo

Ich hatte also einiges vor mir und meine größte Sorge bestand in erster Linie darin, dass irgendwas mit den Transfers nicht klappen würde. Ich hatte schließlich vier Flüge, eine dreitägige Zugfahrt und eine einwöchige Bustour vor mir. Oft lag zwischen Ankunft am Flughafen und Aufbruch zur nächsten Tour nicht einmal ein Tag. Verspätungen oder gar Komplettausfälle wären eher suboptimal gewesen. Aber was blieb mir anderes übrig als zu hoffen, dass alles gut geht…"no worries" eben. Jetzt musste ich diesem Zauberspruch endlich mal vertrauen.

Am Sunshine Coast Airport sollte es losgehen. Die erste Maschine war pünktlich und der Anfang der Reise war eigentlich genau so, wie ich ihn mir vorgestellt hatte. Nach Aufbruch im Nieselregen war der Himmel eine gute Flugstunde später blau. Dass ich das Hostel nicht gleich fand – auch nur weil ich die Augen nicht auf hatte – machte mir genauso wenig aus, wie die leichte Erkältung, die ich nun schon über mehrere Tage mit mir herumschleppte und im Griff zu haben glaubte. Ich war wieder in Sydney, in meiner Stadt, und genoss bei zwanzig Grad und Sonnenschein erneut den Anblick von Opera House und Harbour Bridge im Circular Quay. So nach und nach machte sich dann aber doch die Erkältung bemerkbar. Alle Gelenke taten weh und alle Muskeln schmerzten. Ich fühlte mich einfach völlig erschöpft. Zwar hatte ich die sechzehn Kilo im Rucksack etwas unterschätzt, dass ich aber davon schon Muskelkater hatte, war eigentlich nicht möglich.

Eine, für ein Zehnbettzimmer im Hostel, recht geruhsame Nacht später glaubte ich weiterhin die Sache im Griff zu haben. Viel trinken, Hustenbonbons lutschen und die Halsschmerzen sollten in ein paar Tagen weg sein. Hatte bis dahin meist geklappt, schien aber tags drauf schon etwas aussichtslos. Der Sonnenschein war vorbei, als ich mich ins *Opal Museum* aufmachte. Im Nieselregen gestartet, kam ich im strömenden Regen und patschnass an. Bei Temperaturen, die nun im Juni dem mitteleuropäischen Herbst nahe kamen, war der Spaziergang durch den australischen Regen nun nicht mehr „easy going" und schon gar nicht gut gegen Erkältungen. Da das Opal Museum leider nur eine Sache von fünfzehn Minuten war (wen wundert's, es war kostenlos und ich befand mich schließlich weiterhin in Australien), musste auch das nächste Ausflugsziel möglichst überdacht sein. Ich bezahlte ausnahmsweise mal den utopischen Eintrittspreis für eine Attraktion, die es inzwischen in jeder Großstadt gibt und ging ins *Sydney Aquarium*. Die Überlegung, kurz ins Hostel zurückzugehen und mich umzuziehen, wurde rasch verworfen. Ich wäre auch dann bei Ankunft nicht trocken gewesen. Von mehr als fünf Millionen Litern Wasser umgeben, sollte ich jetzt erst mal im Trockenen sein.

Große Haie, kleine Fische, Dori, Nemo – ich bekam sie alle vor die Linse. Bis, ja bis selbige ihren Geist aufgab. „Zugriff" war alles, was mir die Kamera jetzt noch zu sagen hatte. Akku raus, wieder rein, NICHTS. Speicherkarte raus, wieder rein, NICHTS. Das Objektiv kam raus, ging ein Stück zurück, kam wieder raus und wiederholte dies einige Male, bevor die Kamera mich dann aufforderte sie auszustellen. Damit Fotos zu machen war jetzt nicht mehr möglich. Ich fragte andere Leute, auch deutsche, die sich natürlich auch hier tummelten, aber auch die wussten keinen Rat. Ich musste schleunigst in einen Fotoladen. Wieder draußen im Mistwetter war es zum Glück nicht allzu weit und ich bekam Rat, der da lautete: Neue Kamera! Reparatur wäre zu teuer gewesen und hätte ohnehin zu lange gedauert. Mir blieb nur noch ein Tag in Sydney und ich hatte noch die komplette Reise vor mir. Ich konnte schlecht ohne Fotos nach Hause kommen und stand vor einer, für mich, eigentlich schwierigen Entscheidung. Sollte ich tatsächlich, einfach so, eine neue Kamera kaufen…müssen?

Australien war so ein teures Land. Beim Einkaufen schaute man immer auf den Preis, Eis wurde bei fünf Dollar für eine Kugel von vornherein ausgeschlossen und Süßigkeiten gab es nur in Ausnahmefällen. Aber irgendwann erreichte ich den Punkt, wo ich mir dann auch mal was gönnte oder eben gönnen musste. Was tückisch war, denn plötzlich kaufte ich auf einmal nach dem Motto: Was kostet die Welt!? Die Kamera war jetzt meine und da die Speicherkarte der alten nicht in die neue passte, kam auch davon noch eine auf die Rechnung.

Es war soweit, ich befand mich im Kaufrausch. Mir fiel ein, dass ich noch eine neue Jeans gebrauchen könnte und erstand auch eine. Zu meiner Verwunderung für schlappe zweiundzwanzig Dollar. JACKPOT…ich fühlte mich jedenfalls fast so, als hätte ich gerade Geld gewonnen und nicht ausgegeben. Und was sollte der Geiz, um die Ecke in der Apotheke wurde auch gleich noch zugeschlagen, weil ich dann doch langsam Zweifel hegte, dass die Hustenbonbons ausreichen würden. Sicherheitshalber legte ich tags drauf, nach Hustensaft, auch noch Lutschtabletten nach und hoffte, mich die kommenden drei Tage im Zug erholen zu können.

Pustekuchen, es sollte erst noch schlimmer kommen. Der Indian-Pacific verließ pünktlich den Bahnhof in Sydney und ich war froh zu sitzen. Am Abend eine Dusche und ich würde gut schlafen können. Die Dusche, im fahrenden Zug auf einem halben Quadratmeter übrigens eine ganz besondere Herausforderung, nahm ich und in den Sitz legte ich mich auch. Nur schlafen konnte ich nicht. Circa fünfhundertvierzig Minuten später, ich hatte das Gefühl jede einzelne davon gezählt zu haben, wurde das Licht wieder angeknipst. „Good morning Ladies and Gentlemen…".

„Morning" ja, aber „good"?! Die Sitze und Beinfreiheit waren zwar besser als im Flugzeug, aber ein Bett konnten sie nicht ersetzen. Außerdem hatte ich nicht damit gerechnet, dass die Turbulenzen größer waren als in einem Flugzeug. Was aber sollte man von einer Blechbüchse – schön sieht der Indian-Pacific nun wirklich nicht aus – auf Schienen erwarten. Einen Vorteil gab es, abstürzen konnten wir nicht. In dem Moment war das aber auch meine kleinste Sorge. Neben Halsschmerzen und einem, von der Nacht, verspannten Nacken hatte ich scheinbar auf irgendwas allergisch reagiert. Meine Hände fühlten sich an als hätte ich einen Strauß Brennnesseln gepflückt – ohne Handschuhe – meine Füße passten, ohne die Schnürriemen deutlich zu lockern, nicht mehr in meine Schuhe und mein Gesicht sowie Kopf waren übersät mit kleinen Wunden. Ich sah aus wie ein Streuselkuchen. Selbst in der Hochphase der Pubertät hatte ich es nie zu so etwas gebracht.

Die drei Stunden Aufenthalt in Adelaide nutzte ich, um erneut eine Apotheke aufzusuchen und ein Antiallergikum zu kaufen. Jedenfalls bestand die Hoffnung, dass es eine allergische Reaktion war. Worauf ich reagierte, war reine Spekulation. Putzmittel im Zug, der Hustensaft, der fehlende Komfort in der ersten Nacht. Was es auch immer war, vor Perth, wohin wir noch gut zweitausendsechshundert Kilometer zurückzulegen hatten, musste ich wohl oder übel damit leben, ohne einen Arzt aufsuchen zu können. Nur gelegentlich gelang es mir selber einzureden, dass es egal sei wie ich aussah. Niemand kannte mich und ich würde niemals irgendwen von den Mitreisenden wiedersehen.
In dem Fall: Praktisch!

Ich weiß nicht wie die Zugfahrt ohne all diese Zwischenfälle gewesen wäre. Mit Sicherheit aber kann ich sagen, dass diese Erfahrung, mit dem Indian-Pacific quer durch Australien zu fahren, trotz alledem eine tolle Erfahrung war.

Die überaus interessante aber auch genauso überaus eintönige Landschaft hat mit Sicherheit ihren Reiz und bietet mit davon springenden Kängurus, wandernden Kamelen und Emus ein tolles Erlebnis. Ein Erlebnis auf das ich aber in diesem Moment hätte verzichten können. Mir blieben noch zwei Nächte bis Perth, um mich zu „erholen". Ich dachte ernsthaft über ein Upgrade in eine Einzelkabine mit Bett nach, was mich aber schlappe hundertfünfzig Dollar gekostet hätte… pro Nacht. Die Entscheidung wurde mir zum Glück abgenommen. Es gab keine freien Einzelkabinen mehr. Und wer hätte es gedacht, die zweite Nacht war immerhin in Ordnung. Ich hatte geschlafen, mein Nacken tat weniger weh und die Halsschmerzen waren auch weniger geworden. Allerdings musste ich die Schnürriemen noch weiter lockern, um in die Schuhe zu kommen und mein Gesicht war weiterhin zum Fürchten. Ich war aber auf dem Weg der Besserung und konnte tatsächlich die restliche Zeit im Indian-Pacific – sagen wir – genießen.

Es ist schon unglaublich, da fährt man stundenlang geradeaus, das längste Stück beträgt vierhundertfünfundsiebzig Kilometer, und das einzige was sich ändert ist der Stand der Sonne. Gut, die Farbe des Sandes ändert sich gelegentlich von hellbraun zu dunkel-beige, um dann etwa zwei Stunden später, ungefähr zwischen Kilometer dreitausendeinhundertdreiundfünfzig und dreitausendeinhunderteinundsechzig langsam wieder in einen Ockerton überzugehen. Und wenn es ganz wild zugeht und man es nicht verschläft, weil womöglich die Nacht zuvor nicht die aller gemütlichste war, sieht man sogar den eisenroten Sand, von dem man glaubt, dass er den gesamten Kontinent bedeckt. Wäre die Fahrt nicht so ruppig gewesen, hätte man fast meinen können, man befände sich in einem schmalen Raum mit Fototapete der Australienedition. Hier und da erspäht man zwischen flachem Steppengewächs auch mal einen Baum oder zumindest ein übriggebliebenes, vertrocknetes Gerippe davon und man sieht eben die angesprochenen Tiere. Ich habe mitgezählt! Zwei Kamele, drei Kängurus, eine Gruppe Emus (bei der Zahl bin ich mir nicht ganz sicher, es war schwer Emu und Busch voneinander zu unterscheiden. Ich sag mal es waren sieben) und einen Vogel den ich nicht zuordnen konnte, niemals zuvor gesehen hatte und wahrscheinlich auch niemals mehr wiedersehen werde. Er war etwas größer als eine Gans, war aber ähnlich gebaut. Jedenfalls bis zum Hals. Ab da sah er wieder einem Emu ähnlich. Zumindest war der Kopf größer als der einer Gans. Ob er fliegen konnte oder kann weiß ich nicht, das hat er mir in den zwei Sekunden, in denen ich ihn sah leider nicht verraten. Und in dieser ganzen Fülle von Nichts hielt der Zug an und setze einen jungen Mann ab, der für eine Weile auf einer Schaffarm arbeiten sollte. Mitten im Nichts stand ein Auto, das auf ihn wartete. Er stieg aus, packte all seinen Kram auf die Ladefläche des Pick-ups und war nun Teil der Fototapete. Allerdings nicht lang, der Zug setzte sich wieder in Bewegung und weg war er.

Der nächste Stopp war dann ein planmäßiger. Ein morgendlicher Stopp in Cook, einer Stadt, nein, einem Dorf, halt, auch das wäre zu hoch gegriffen, einer Straße… hmmm, na zumindest gab es einen Souvenirshop. Ein Wegweiser wies in die eine Richtung nach Sydney, in die andere nach Perth und in die dritte zu eben jenem Souvenirladen und man hatte die Möglichkeit sich die Füße zu vertreten, ein wenig frische Luft zu schnappen und ein Foto vor der Lokomotive zu schießen. Der nächste und letzte Stopp auf der drei-Tages-Tour war dann nur noch in Kalgoorlie, dem Mekka der Goldgräber. In diesem Fall hätte ich wieder Geld loswerden können. Fünfunddreißig Dollar für eine Tour zum *Super-Pit*, einem riesigen Goldtagebau. Für mich als Rohstoffingenieur vermeintlich eine Pflicht, nicht aber wenn man das Ganze von der anderen Seite betrachtet. Fünfunddreißig Dollar, um aus dem Zug in den Bus verfrachtet, zum Aussichtspunkt des Tagebaus gefahren zu werden, von dem aus man zu dieser Tageszeit – es war stockdunkel – eh nichts mehr sehen könnte, und um womöglich Informationen zu bekommen, die man wahrscheinlich ohnehin schon als bekannt hätte abstempeln können. Zumindest wäre es vermutlich nicht mehr gewesen, als das, was man bei

Wikipedia hätte nachschlagen können. Und da wir nicht mehr an der Uni waren, wäre diese Internetseite als Referenz sogar erlaubt gewesen. Von einer Mitreisenden, die der Tour beigewohnt hatte, erfuhr ich dann im Anschluss, dass sie auch noch durch das Rotlichtviertel Kalgoorlies gefahren waren. Alles was sie davon zu berichten hatte, war die Tatsache, dass die älteste Prostituierte stolze achtzig Jahre auf dem Buckel hatte. Eine eher überflüssige Information, die zum einen unter der Rubrik unnützes Wissen einzuordnen war und zum anderen zeigte, wie lohnenswert die fünfunddreißig Dollar waren…NICHT!

Währenddessen vertrat ich mir zunächst, zusammen mit meinem Sitznachbarn, einem schweizer Unternehmer, die Füße (die Schnürriemen konnten wieder leicht angezogen werden) und stillte dann mit ihm zusammen bei einem Chinesen den Hunger – für weniger als fünfunddreißig Dollar!!

Gesättigt ging es wieder zurück in den Zug und kaum zu glauben aber wahr, die dritte Nacht im Indian-Pacific war erholsam. Ich wurde wahrhaftig vom „Good morning Ladies and Gentlemen" geweckt und hatte nur noch drei Stunden bis Perth vor mir. Auch neu war mir der Ausblick. Das beige-braune war einem neblig-grau gewichen. Im ersten Moment ging ich noch davon aus, die Scheiben wären beschlagen gewesen. Aber nein. Draußen war eine einzige Nebelwand. Wir fuhren durch einen Nationalpark, gute zwanzig Kilometer vor Perth. Eine Gegend mit dunkelgrünen Wiesen, schroffen

Felsen und einem mitteleuropäischem Hochgebirgs-flair. Eine willkommene Abwechslung zur Fototapete und der Anfang vom Ende der Zugfahrt. Wir fuhren durch bewohntes Gebiet, durch die ersten Vororte Perth´s und schließlich in den Bahnhof ein. Ich hatte die „Tortour" überstanden und viertausenddreihundert-zweiundfünfzig Kilometer von Sydney über Broken Hill, Adelaide, Cook und Kalgoorlie nach Perth hinter mich gebracht.

Erfahrung ja, aber vielleicht würde ich es beim nächsten Mal lieber selber erfahren wollen.

Besuch an der Westküste

Ich hatte den Kontinent durchquert und war in der einsamsten Großstadt der Welt angekommen. Richtung Westen nichts als Wasser, nach Norden würde man in Südostasien auf die nächste Großstadt treffen, in östlicher Richtung Wüste soweit das Auge reicht und nach Süden ist das nächste Festland die Antarktis. Nach drei spartanischen Tagen im Zug hatte ich nun kurzzeitig etwas mehr Komfort. Eine Bekannte hatte für mich den Kontakt zu ihrem Onkel hergestellt, der mich nun am Bahnhof abholte und in seinem roten Jaguar durch Perth chauffierte. Er fuhr mit mir durch die Innenstadt, zeigte mir einige wichtige Gebäude und erzählte mir, dass auch hier in Perth, in Australien, unsinnige Bauprojekte in Angriff genommen würden. Moderne Projekte polarisieren also auch auf der gegenüberliegenden Seite der Erdkugel.

Die Stadt war sehr weitläufig und so ging es weitere zehn Minuten über die Straßen, um auf der anderen Seite des weit auslaufenden *Swan Rivers* von einem Park aus einen Blick auf die Skyline zu erhaschen. Schließlich fuhren wir über *Freemantle* nach *Cottesloe*, wo mich mein Gastgeber gegen Mittag am Backpacker´s absetzte. Nachdem ich eingecheckt und mich im wunderschönen Zehnbettzimmer niedergelassen hatte, erkundete ich zunächst einmal die nähere Umgebung. Es war eine fast schon noble Gegend. Schöne, gemütliche Häuser reihten sich hier aneinander und eines hatte gar einen eigenen

Rasentennisplatz im Vorgarten. Außerdem waren es vom Hostel aus lediglich dreißig Meter bis zum Strand. Um sich von Krankheit und Zugfahrt zu erholen, war das sicher nicht der verkehrteste Platz. Zumal auch noch die Sonne schien und der australische Winter angenehme zwanzig Grad zu bieten hatte. Dass diese Temperaturen dennoch zu kalt waren, um zumindest mich ins Wasser zu locken, war einerseits schade, andererseits aber auch wesentlich sicherer, handelte es sich beim *Cottesloe Beach* doch um einen Hot spot was Haiangriffe angeht. Wenige Wochen vorher gab es noch einen an der Westküste und ich musste an Geschichten denken, die mich wieder daran erinnerten wie groß das Land doch ist:

Ich befand mich an der Sunshine Coast und hatte einige Freunde, die regelmäßig surfen gingen. Einer davon, ein Deutscher, meinte eines Tages, dass seine Schwester ihm verboten hatte noch einmal surfen zu gehen. Er hatte natürlich nachgehakt und sie gefragt, warum sie das wollte.

„Da ist wieder ein Surfer von einem Hai angegriffen und getötet worden.", hatte sie geantwortet, wonach er weiter fragte:

„Wo ist ein Surfer angegriffen und getötet worden?"

„In Australien!", hatte sie sorgenvoll erwidert.

„Wo in Australien?"

„Vor Perth, am Cottesloe Beach!"

Er ging natürlich auch weiterhin surfen. Schließlich lagen viereinhalb tausend Kilometer Luftlinie zwischen den beiden Orten. Via Seeweg noch viel mehr. Ein Zypernurlauber würde sich sicher auch keine Sorgen machen, wenn einem Surfer auf den Kanaren ähnliches passieren würde. Aber so war es halt. Die Familie hörte nur „in Australien" und schon schrillten die Alarmglocken – nicht nur bei Haiattacken.

…„Wir haben gehört, in Australien wüten schlimme Waldbrände. Geht's dir auch gut?!"

„Waldbrände?! Hab ich noch gar nichts von mitbekommen. Also bei uns gibt es nur übelste Regenfälle und dementsprechende Überschwemmungen."

…„Heute kam in den Nachrichten, dass es ein Erdbeben in Australien gab!"

„Ein Erdbeben?! Äähhh…weiß ich nicht. Warte, ich guck mal im Internet. Ahh, ja, im Südwesten. Das war ungefähr dreitausend Kilometer weg."

Nur drei Beispiele, die die Ausmaße des Landes wiederspiegelten. Ich konnte mich also jetzt erst einmal von den Strapazen der letzten Tage erholen. Ich fuhr einen Tag lang in die Innenstadt und verweilte die anderen beiden auf der Wiese oberhalb des Strandes in der Sonne. Schließlich musste ich meine Batterien für die nächsten Tage im Outback aufladen.

Backpacker, Hostels und Co

Die Welt der günstigen Unterkünfte, sogenannte Backpacker oder Hostels, war definitiv nicht meine Welt. Wie ich ja schon bei meiner Ankunft in Australien, in Mooloolaba, feststellen durfte, konnte man meinen, Backpacker (dieses Mal meine ich die Personen) und Co kümmerten sich eher einen Dreck um die Sauberkeit. Dass Sauberkeit relativ ist, war mir klar. Ich ging aber auch noch immer davon aus, dass der Wortstamm des Wortes Sauberkeit die ersten beiden Silben einschloss und nicht nur die erste.

Es muss ja nicht gleich ein Fünf-Sterne-Hotel sein, aber wenn die eigentlich weiße Decke im Bad schwarz ist, der hellblaue Duschvorhang zum Saum hin langsam in ein tiefes Braun übergeht und die Holztür durch Feuchtigkeit völlig verzogen ist, dann sollte auch die Backpacker-Idylle irgendwann ein Ende haben. Immer wieder fragte ich mich, wie man es mehrere Monate an solchen Orten aushielt, wo ich doch jedes Mal froh war diese Unterkünfte nach drei oder maximal vier Tagen wieder verlassen zu können. Ich bin kein großer Campingfreund, trotzdem hätte ich jeden halbwegs gepflegten Campingplatz einem eben beschriebenen Ort vorgezogen.

Spätestens in Perth wurde mir klar, dass ich nicht zur Backpackerzunft gehörte. Obwohl die drei Tage zuvor im Zug nicht die saubersten waren und ich das T-Shirt inklusive der Tage in Sydney womöglich schon zum dritten Mal trug, ohne es zwischendurch gewaschen zu haben, fühlte ich mich noch immer overdressed. Ich hätte mich vielleicht vorher noch ein wenig im Dreck suhlen sollen. Allerdings wäre dann sicherlich mein sonstiges Auftreten unglaubwürdig geworden. Für den Außenstehenden, echten Backpacker, machte ich wahrscheinlich ohnehin den Eindruck total versnobt zu sein. Schließlich wurde ich von einem roten Jaguar vor dem Hostel abgesetzt. Da ich dachte, die von dem erstandenen Schnäppchen in Sydney übrig gebliebene Einkaufstüte sei ganz praktisch für Kleinigkeiten, die ich mit mir rumschleppte, stolzierte ich nun mit meinem *Esprit*-Täschchen in mein dreckiges Zimmer. Das „i-Tüpfelchen" gab es dann am Abend. Ich zog mein schwarzes Hemd an, darüber meinen „guten" schwarzen Pullover, schmiss mich in meine Lederjacke und legte meinen dünnen, karierten Schal um. Es war natürlich kein Burberry-Schal, in Backpackerkreisen machte es aber womöglich den Anschein. Hier wurde kein Unterschied gemacht, hier gab es nur „Schal" oder „kein Schal" oder besser „Schein" oder „nicht Schein". Ich verließ das Backpackers und wurde schließlich wieder von dem roten Jaguar abgeholt.

Peinlich!? NÖ, ich wusste, ich würde all den Leuten, die mich nun sahen, in drei Tagen nie mehr wieder begegnen.

Die Tour (Teil 2)
Von Ayers Rock bis Kakadu

Teil 1

Nachdem ich mich zwei Tage in Perth erholt hatte, ging es auf den anstrengenden Teil der Tour. An Ausschlafen war in den nächsten sieben Tagen erst einmal nicht zu denken. Vorne weg, es lohnte sich!

Die nächste Station war Alice Springs und zum ersten Mal auf der Reise hatte mein Transportmittel ein wenig Verspätung. Rund zwanzig Minuten später als geplant hob mein Flieger ab. Grund dafür war ein Feueralarm im Terminal. Das lustige an der Sache war, niemanden interessierte dieser Alarm. Das Piepen fing leise an, wurde schnell lauter und war nach wenigen Sekunden auf keinen Fall zu überhören. Im Gegenteil, es war wirklich penetrant. Aber alles was an Reaktionen bei sämtlichen Passagieren bemerkbar war, waren Kommentare wie: „Was ist das?"... „Feueralarm"... „ahh, ok"…und das sonstige Gespräche eingestellt wurden. Keiner rührte sich. Es wurde weiter Musik gehört, auf die Laptop-Tastatur getippt und in den Cafés in Ruhe der Kaffee geleert.

Jaaa, so macht ein Alarm Sinn. Der Alarm hörte auf, fing aber kurz drauf wieder an. Es schien ernster zu sein. Reaktionen unverändert. „No worries", wenn wir verbrennen würden, dann wenigstens gemütlich. Zum Glück passierte nichts dergleichen und wenig später kam die Durchsage, dass Terminal zwei sicher sei und der Alarm Terminal drei galt. In welchem Terminal ich mich befand, wusste ich nicht aber scheinbar im Sicheren. Es war das Sichere. Knapp zehn Minuten vergingen, als schließlich auch Terminal drei wieder freigegeben wurde und alle Evakuierten zurück durften.

Am späten Nachmittag landete ich dann in Alice Springs, im Nichts. Absolut mitten im Kontinent von großer Leere umgeben. Ich schaute in meine Reiseunterlagen, weil ich nun nicht sicher war wie ich zum Hostel kommen sollte. In den Tagen zuvor hatte ich das ein oder andere Telefonat geführt, um meine Anwesenheit auf Touren und mein Übernachten in Hostels noch einmal zu bestätigen. Aber an den Transport vom Flughafen zur Unterkunft hatte ich nicht gedacht. Nun stand ich also da und überlegte. Ich ging zunächst mal raus und checkte die Lage, guckte welche Möglichkeiten es geben würde. Es gab einen Bus-Shuttle und ich sah wie Leute, die mit mir angekommen waren, Tickets kauften. Ich stellte mich also auch an und wollte schon die Geldscheine ziehen, als man mir eine Namensliste entgegenstreckte, auf der auch mein Name stand. Astrein, mein Taxi war bestellt und schon bezahlt.

Ich kann vorweg nehmen, dass alle, wirklich alle organisatorischen Dinge auf der gesamten Tour funktionierten. Für ein Land des „easy going - komm ich heut nicht, komm ich morgen" erstaunlich.

Ich stieg in das Taxi ein und war kurz drauf auf dem Weg ins Zentrum von Alice Springs. Ein Kaff im Zentrum Australiens. Mein erster Eindruck der Umgebung: Sonne! Den Himmel sollte ich in den nächsten Tagen erst einmal ohne Erfolg nach Wolken absuchen. Was aber nicht hieß, dass es heiß war. Wir hatten Winter und vor allem die Nachttemperaturen waren, man mag es nicht glauben, mit einem deutschen Winter zu vergleichen. In den nächsten Tagen oder besser Nächten sollte das Thermometer unter den Gefrierpunkt fallen. Auch tagsüber war es windig und eine kurze Hose definitiv zu luftig.

Auf dem Programm stand nun eine Sieben-Tages-Tour, mit Orten wie, *Uluru*, *Kings Canyon*, *Devils Marbles*, *Katherine Gorge* und *Kakadu-Nationalpark*. Es waren sieben Tage und es waren diese Orte, aufgeteilt war die Woche aber in zwei, drei und nochmal zwei Tage. Immer wieder andere Gruppenzusammenstellungen und neue Guides. Eigentlich nicht weiter schlimm, es brauchte aber immer einen halben Tag bis das Eis zwischen allen, oder zumindest den meisten, Teilnehmern gebrochen war. Von anderen, die zwölf Tage unterwegs waren, erfuhr ich, dass sie insgesamt mit fünf verschiedenen Gruppen im Bus saßen. Auf Dauer etwas nervig. Ebenfalls etwas nervig wenn man die Tour mit achtzehn- bis neununddreißig-jährigen bucht und der halbe Bus in den Neunzehnhundert-vierzigern geboren wurde. Aber auch da brach das Eis und zu deren Verteidigung muss ich sagen, trinken taten die am meisten.

Es waren immerhin drei Teilnehmer dabei, die von Anfang bis Ende in meiner Gruppe waren. Zwei Chinesinnen, zu denen es im weiteren Verlauf auch noch ein paar Sätze zu sagen gibt und eine Australierin. Am Abend vor dem Start der Tour hatte ich gleich in meinem Zimmer zwei weitere Teilnehmer der ersten beiden Tage kennengelernt. Einen Österreicher und seine Freundin. Gebürtig aus England, lebte sie nun seit gut fünf Jahren in Österreich. Ihr Freund hatte ganze Arbeit geleistet. Ihr Deutsch hatte keinen englischen Akzent, sondern einen perfekten österreichischen Klang.

Zusammen mit ihnen und einigen anderen, zum Überfluss überwiegend Deutsche, wurden wir morgens um fünf Uhr dreißig abgeholt. Vor uns lagen rund tausendfünfhundert Kilometer in zwei Tagen. War ja jetzt nicht so, dass unser primäres Ziel darin bestand eine Strecke von eben jenem Ausmaß zurückzulegen. Wir wollten schon auch zwischendurch noch was sehen und hier und da eine Wanderung machen. Im Übrigen legten wir die tausendfünfhundert Kilometer in einem Bus zurück, der um einiges ungemütlicher war, als der Indian-Pacific. Immerhin hatte ich den Komfort, zwei Sitze zu haben. In einem Einundzwanzig-Sitzer waren wir mit vierzehn Leuten. Im Vergleich zu dem, was in den folgenden Tagen noch auf mich zukommen sollte, war das aber absoluter Luxus. Es ging grob in Richtung Uluru, wo wir am Abend ganz in der Nähe unser Camp aufschlagen sollten. Zuvor standen eine schier unendliche Busfahrt, das Mittagessen und ein weiteres landschaftliches Highlight auf dem Plan. Schon beim Mittagessen taute die Gruppe auf und es wurde mit dem ein oder anderen ein Pläuschen gehalten. Zurück im Bus sollte sich dann jeder der Gruppe vorstellen. Ab nach vorne, Mikro schnappen und vorstellen. Sowas macht keiner gerne, aber sich vorne hinzusetzen und kein gescheites Wort rauszubekommen ist immer noch sympathischer als erst gar nicht nach vorne zu gehen. Die Eltern einer Deutschen, alles andere als der englischen Sprache mächtig, setzten sich vorne hin und stellten sich im feinsten „Denglisch" vor. Die Mutter versuchte zudem noch kurzerhand das Headset zum Telefon umzufunktionieren und hatte häufiger ein Problem mit der Rückkopplung des Mikrofons. Für gute Stimmung aber sorgte sie und auf der Sympathieliste gab es nur Pluspunkte. Als letzte blieb eine der Chinesinnen übrig. Die andere der beiden kam erneut nach vorne und erklärte, dass ihre Freundin kein Englisch spreche und erst seit einer Woche in Australien ist, um die Sprache zu lernen.

„Jo, dann geh nach vorne und stell dich vor", dachte ich, „Wäre zumindest mal ein Anfang. Meinetwegen auch in Chinesisch oder eben „Chinenglisch"."

Nun hatten sich also „alle" vorgestellt und die erste echte Aktivität stand an. Eine zwei Stunden Wanderung durch den Kings Canyon. Unser Guide wies nochmal alle darauf hin, ihre Getränkeflaschen mit Wasser aufzufüllen – im Outback muss man immer Wasser dabei haben – und los ging es. Der erste Teil war auch gleich der anstrengendste und nach geschätzten dreihundert, in den Fels geschlagenen, Stufen musste man erst mal einen großen Schluck aus der Pulle nehmen, wurde dann aber mit einem überwältigenden Ausblick belohnt. Auch unsere chinesischen Freundinnen, die schon jetzt etwas überfordert schienen, nahmen einen Schluck. Im ersten Moment dachte ich, sie würden ihr Parfümfläschchen leertrinken. Weit gefehlt, es war ihr Wasservorrat für die nächsten zwei Stunden im australischen Outback. Na dann Prost!

Ich genoss derweil den angesprochenen Ausblick. Einer von vielen und alle waren unmöglich auf Bildern festzuhalten. Man musste es mit eigenen Augen gesehen haben. Kings Canyon, das erste Highlight, welches abgehakt war, als wir abends im Camp ankamen.

Ohne Sonne hatten die Temperaturen jetzt wieder die Null-Grad-Grenze erreicht. Zudem pfiff noch ein ungemütlicher Wind. Ich trug ein Tank-top, ein Longsleeve, einen dünneren Strickpulli mit Kapuze, ein dickes Sweatshirt mit Kapuze, eine Lederjacke, einen dünnen Schal, saß am Lagerfeuer und...fror! Der Gedanke, in der kommenden Nacht in einen Schlafsack eingewickelt, in einem Swag (ein weiterer Sack mit integrierter, dünner Matratze) unter freiem Himmel zu schlafen, brachte mein Blut nicht gerade zum Kochen. Ein letztes Mal am Lagerfeuer Wärme getankt, machte ich eigentlich das Falscheste was man machen kann.

Weil ich keine Lust hatte mich bei Minusgraden meiner Klamotten zu entledigen, legte ich mich in voller Montur in den Schlafsack und zog den Swag zu. Schnell noch die Kapuzen straff gezogen, das Kopfkissen, in diesem Fall meine Schuhe, zurechtgerückt und bei Vollmond eingeschlafen. Als ich mitten in der Nacht aufwachte und merkte, dass ich mich bislang keinen einzigen Millimeter bewegt hatte, hoffte ich, dass es bis zum Aufstehen, um fünf Uhr, nicht mehr allzu lange dauern würde. Ich kramte meine Uhr hervor, sah, dass ich noch drei Stunden zu überbrücken hatte, drehte mich auf die Seite – ich hatte mehr Platz im Schlafsack als erwartet– und schlief wieder ein.

Dass ich in voller Montur im Schlafsack lag, wurde mir am nächsten Morgen zum Glück nicht zum Verhängnis. Mir war warm. Vor allem meine Füße waren wärmer als zu Beginn der Nacht. Leider hielt dieser Zustand nicht lange an. Raus aus dem Schlafsack, rein in die Schuhe und meine Füße waren wieder kalt. Und wozu das ganze?! Um bei Sonnenaufgang am Uluru, zu sein! Und das lohnte sich. Der Felsen an sich mag wahrlich keine Schönheit sein. Es ist ein Felsen mitten im Nichts, der aus der Nähe noch viel langweiliger und hässlicher aussieht und trotzdem ist es was ganz besonderes, wenn man dann davor steht und sieht, wie die ersten Sonnenstrahlen den Felsen in ein tiefes Rot hüllen. Im Übrigen ist das Nichts drum herum entgegen aller Vorstellungen kein roter Sand. Jedenfalls nicht nur. Um den Felsen herum befinden sich Bäume, Sträucher und Gräser.

Es ist einfach ein Ort, an dem man mal gewesen sein sollte. Ob man sich dafür aber gute tausend Kilometer in einen Bus setzen muss, bleibt jedem selber überlassen.

Zurück in Alice Springs verbrachte ich wieder eine Nacht im Hostel. Dem gleichen wie auch schon zwei Tage zuvor. Erneut kam ich schnell mit meinen Zimmernachbarn ins Gespräch und schloss mich ihnen schließlich an, als sie noch einen trinken gingen. In diesem Fall muss man seine Scheu einfach mal ablegen. Ich ging mit zwei Typen, die ich seit zehn Minuten kannte irgendwo im Dunkeln durch Alice Springs, einer für ihre Kriminalität bekannten Stadt. Ich vertraute einfach mal meiner Menschenkenntnis und wurde von dieser auch nicht enttäuscht. Ähnlich machte ich es auch auf dem Rückweg, als ich mich einem weiteren Zimmernachbarn anschloss, als er im Begriff war zu gehen. Da allerdings mieden wir die dunklen Gassen und fuhren mit dem Taxi zurück zum Hostel.

Teil 2

Der nächste Tag startete um fünf Uhr vierzig, also erneut um „stupid o´clock", wie unser neuer Guide die Uhrzeit treffend beschrieb. Ohnehin hatte jeder der Guides so seine Eigenheiten und Floskeln, sodass eine jede Mitteilung im Bus entsprechend anfing mit:

„Howdie, howdie", „All righty guyyys" oder „waky waky up".

Außerdem war alles, wirklich alles, ob es nun eine wunderschöne Landschaft war, ein seltener Busch oder aber die Gurken beim Mittagessen schön geschnitten wurden. „sweet". Davonfliegenden Vögeln wurde ein „aweeesome" hinterher gehaucht und die Mittag- und Abendessen waren „yummie, yummie…das ist gut!" Letzteres kam von unserem Guide für die folgende Tour von Alice nach Darwin. Er war mir schon vorher als absolute Legende angekündigt worden und war auch unter allen anderen Guides bekannt wie ein bunter Koala.

Es war aber auch nicht schwer ihn in Erinnerung zu behalten. Schon beim Vorstellen hatte er gewonnen. „Hi guys, I´m Sauce…Sauce like tomato-sauce…" und schon war es unmöglich ihn zu vergessen. Dazu sein verranzter Outbacklook inklusive der Frisur „Party in the back and business in the front.", uns besser bekannt als „Vokuhila", und seine typische „no worries" Art. Die nächsten drei Tage sollten lustig werden.

Auf einer Strecke von tausendfünfhundert Kilometern, mit zusätzlichen Abstechern, stand nun eine ganze Reihe von landschaftlichen, geschichtlichen und geografischen Highlights auf dem Programm. Noch im Morgendunst erreichten wir den südlichen Wendekreis, welcher natürlich für jeden ein Grund war ein weiteres Foto zu schießen. Dass der Wendekreis den kompletten Globus umgibt, ist jedem bekannt, auch dem so bewanderten australischen Geografiegenie, das hiermit wieder bewies aus Nichts eine Attraktion machen zu können. Da steht man mitten im Nirgendwo, umgeben von Busch und Sand und man bekommt unweigerlich eingeimpft ein Bild schießen zu müssen, am *Tropic of Capricorn*. Es sollte nicht der letzte Schnappschuss an einer eigentlich unbedeutenden Stelle sein.

Wenige Kilometer später machten wir erst einmal wieder halt, um uns mit einem kleinen Frühstück zu stärken. Auch hier gab es an der Tankstelle nicht nur Sprit und teures Frühstück, sondern auch eine Art kleines Museum. Meterhohe Figuren, die australische Eingeborene darstellten, überragten das Landschaftsbild und es gab, was im Interieur eines jeden Roadhouse nicht fehlen durfte, ein Tier. Man konnte davon ausgehen, dass an jeder Tankstelle oder zumindest in jedem kleinen Ort, wo dann auch immer ein Souvenirladen zu finden war, irgendein Tier eine Sehenswürdigkeit war. Hier in *Aileron* war es ein flugunfähiger Adler. Für alle war klar, der musste geknipst werden. Was ebenfalls wieder anstand, die Gruppe musste neu kennengelernt werden. In diesem Fall war die gesamte Gruppe etwas unübersichtlicher als die vorangegangene. Während die Gruppe auf dem ersten Tourabschnitt mit einem guten Dutzend Teilnehmern noch relativ überschaubar war, waren es jetzt fast doppelt so viele, was gleichbedeutend war mit einem vollbesetzten Bus und damit weniger Platz. Aber dazu später noch mehr. Jetzt standen wir zunächst einmal in einem großen Kreis zusammen und jeder durfte sich kurz und knapp mit Herkunft, Lieblingsfarbe und Lieblingsgetränk vorstellen. Bier, Gin, Wodka oder was auch immer war durchaus interessant, wesentlich interessanter war aber erneut die unterschiedlichste Herkunft der Teilnehmer. Neben Australiern gab es Leute aus Kanada, der Schweiz, Dänemark, Norwegen, den USA und natürlich auch aus Deutschland.

Nach kurzem Smalltalk ging die Fahrt weiter. Der nächste Halt sollte eine Telegraphenstation sein. Nicht irgendeine, sondern die Station im *Barrow Creek*, die zu Beginn der Besiedelung Australiens die einzige Verbindung zwischen dem Norden und dem Süden war und demnach den Namen *Overland Telegraph Line* trug. Hätte man sich vor Ort nicht ausgekannt, wäre man sicherlich an diesem – Haus – vorbeigefahren.

Wenn man genauer darüber nachdenkt, war es aber gar nicht so abwegig, dass auch dieses Gebäude eine Sehenswürdigkeit war. Ok, neben der Tatsache, dass es eine große geschichtliche Bedeutung hat, war auch das Haus an sich etwas Besonderes. So viele sah man davon während der Fahrt durch das Northern Territory nämlich nicht.

Wenn auch nicht häufiger, aber viel auffälliger waren dann jetzt die immer wieder entgegenkommenden „Road Trains". Wie der Name schon sagt überaus lange

LKW. Doch wirklich vorstellen kann man sich die Ausmaße eines Road Trains erst wenn man vor einem steht. In Deutschland beträgt die zulässige Gesamtlänge eines Fahrzeugs 18,75 m. In Ausnahmefällen, wie zum Beispiel beim Doppel-gelenkbus, dem „Öcher long wajong", in Aachen sind es 24,8 m. Mehr als doppelt so lang dürfen die Lastzüge in Australiens nördlichem Bundesstaat sein. Dabei ist es dann egal, ob es zwei, vier oder sieben Anhänger sind. Die Hauptsache ist, die Gesamtlänge übertrifft nicht die Marke von 53,5 m. Dass diese Kolosse einen Verbrauch von einem Liter haben sei nur nebenbei erwähnt…

…achja…ein Liter auf einem Kilometer!!!

Je mehr es nach Norden ging, desto wärmer wurde es. Bei Temperaturen knapp über dem Gefrierpunkt in Alice Springs losgefahren, konnte man es draußen inzwischen gut ohne Jacke aushalten. Im Bus war es dementsprechend noch wärmer. Das Problem, das nun auf einen zukam: Wohin mit dem Klamotten? Wir saßen mit vierundzwanzig Leuten in einem Vierundzwanzig-Sitzer. Alle hatten auch einen Rucksack dabei und waren eben anfangs den winterlichen Temperaturen entsprechend gekleidet. Es blieb einem nicht viel mehr übrig, als die Kleidung auf seinem Schoß zu stapeln. Erst die Jacke, dann den Pullover und schließlich das Longsleeve. Zwischen den Füßen stand der Rucksack und wurde die Fahrt zu langweilig hatte man unter Umständen auch noch den Kopf des Sitznachbarn auf der Schulter liegen. Ich hätte niemals für möglich gehalten, dass ich mich nach dem Indian-Pacific sehnen würde. Ähnlich spektakulär wie die Aussicht im Zug war auch jetzt der Ausblick aus dem Bus. Die Highlights während der Fahrt blieben weiterhin einzelne Häuser, hier und da mal ein Känguru am Straßenrand hüpfend oder auf der Straße klebend sowie besondere Felsformationen und zwischendurch zeigte sich, ebenfalls am Straßenrand, der australische Humor. Ein Großgrundbesitzer hatte das Gatter im Zaun eindeutig beschriftet:

„Shut the fucking gate or don´t open it!"

Immer wieder gab es solch kleine Gute-Laune-Förderer, die bei der stundenlangen Geradeausfahrt aber auch dringend nötig waren. An dieser Stelle möchte ich den Guides großen Respekt zollen. Bei hunderten von Kilometern gerader Strecke nicht einzuschlafen, davor konnte ich nur den Hut ziehen.

Den nächsten Stopp gab es dann wieder einige hundert Kilometer weiter nördlich. Während aber die Breitengrade abnahmen, nahmen die Grade auf dem Thermometer weiter zu. Man konnte jetzt ohne Zweifel wieder von sommerlichen Temperaturen reden und als wir am nächsten Highlight, den „Devil´s Marbles", ankamen war es auch wieder von Vorteil einen kleinen Wasservorrat mitzunehmen, wenn man den Bus verließ. Auch die Chinesinnen hatten ihr Parfum-fläschchen wieder dabei. Sie waren also sicher, sollten sie im australischen Outback verloren gehen. Wir erkundeten das Labyrinth aus Sandsteinkugeln, machten natürlich Bilder an der berühmtesten Stelle der Marbles und informierten uns an einer Schautafel über deren Entstehungsgeschichte. Nachdem wir uns eine Weile die Beine vertreten hatten, ging es zurück in den Bus und auf die letzte, nicht mehr so lange Etappe des Tages, in unser nächtliches Camp.

Es stand nun die zweite Nacht im Swag vor mir. Zwar kühlte es sich nach Sonnenuntergang wieder ab, doch war es bei weitem nicht mehr so kalt wie noch am Uluru. Es war aber auch noch nicht so warm, als dass man Sorgen hätte haben müssen, unliebsame Überraschungsgäste könnten sich während der Nacht in den Schlafsack verirren. Für Schlangen und die zur Plage gewordene, giftige, Aga-Kröte waren diese Temperaturen noch zu niedrig. Nach Abendessen und einer gemütlichen Runde am Lagerfeuer kuschelte ich mich, noch bevor der Mond aufgegangen war, in meinen Schlafsack. Da der Mond noch immer relativ voll war und so den Sternenhimmel überstrahlte, sobald er am Himmel stand, wollte ich jede Minute Dunkelheit ausnutzen.

Es ist der Wahnsinn was man auf der südlichen Halbkugel der Erde, im Outback, für eine Unmenge an Sternen sieht. Es ist wirklich so, dass man die Milchstraße erkennen kann, die wie ein Schleier über den Nachthimmel gespannt ist. Immer wieder wollte ich noch einmal einen letzten Blick erhaschen bevor ich einschlief. Einmal noch die Augen öffnen, gucken, ob die Sterne noch da waren. Es war fast so wie früher, wenn man als Kind im Winter im Bett lag, es draußen schneite und man zig Mal die Rollläden hochzog, um noch ein einziges Mal zu gucken, ob es denn noch immer schneite. Irgendwann aber schlief man dann ein und freute sich am nächsten Morgen darauf nach draußen zu gucken. Auch ich in meinem Swag, im australischen Outback liegend, schlief schließlich ein. Die Sterne waren allerdings am nächsten Morgen weg.

Mal wieder machten wir uns am nächsten Tag um „stupid o´clock" auf zu weiteren Sehenswürdigkeiten. Selbstverständlich ging das nicht ohne vorher unseren Lieblingsplatz im Bus eingenommen zu haben. Das erste Highlight war dann wieder eins derer, die man unbedingt knipsen musste. Wir hielten an, um nichts Geringeres als ein Straßenschild zu fotografieren. In großen Lettern und mit warnend, rotem Hintergrund stand auf dem Schild: „WARNING – NO FUEL FOR 500 KM" und erneut wurde mir bewusst, dass echt alles eine Attraktion sein konnte, vorausgesetzt man konnte es entsprechend verkaufen. Ich machte das Foto, schaute mir das gemachte Bild auf meiner Kamera noch einmal an, zoomte etwas heran und mir wurde schlagartig noch etwas anderes bewusst. Der Bildausschnitt meiner Kamera zeigte groß:

„500 km"…

Auch die Busfahrt an diesem Tag sollte wohl etwas länger dauern. Da die Temperaturen nun angenehmer waren, hatten wir immerhin nicht mehr so viele Klamotten im Bus. Wir hatten die Pullover gegen Badehose und Handtuch eingetauscht. Ab sofort musste man Schwimmutensilien dabei haben. Am frühen Nachmittag waren die *Mataranka-Quellen* das Ziel. Zuvor galt es aber noch besagte Strecke zurückzulegen, auf der natürlich erneut mehrere kleine Orte mit einer jeweiligen Attraktion angesteuert wurden. Als wir in den ersten hineinfuhren überraschte uns eine Ampel. Eher zufällig in den Boden gerammt, zeigte diese aber eindeutig an, dass wir halten mussten. Unser Guide, der natürlich wusste worum es ging, spielte zunächst auch den Unwissenden. Als er dann aber weiterfuhr und uns erzählte, dass der ein oder andere Tourist an der immer auf rot stehenden Ampel gerne mal mehrere Minuten verharrte, war das nächste zwingend zu knipsende Fotomotiv gefunden – eine Ampel!

Hatten wir in einer Bar kurz zuvor noch eine riesen Sammlung von Nummernschildern aus aller Welt gesehen, war die Sammlung hier in der Bar in Daly Waters noch viel größer. Der Rahmen der Eingangstür bestand aus Kappen, die Wände waren verziert mit T-Shirts und Fahnen, am Tresen waren auf kompletter Breite BHs aufgereiht und von der Decke hingen Slips. Auch prankte draußen am selbstverständlich vorhandenen Souvenirshop ein großer Hinweis auf den nächsten „McDrive". Ein Pfeil zeigte in die entsprechende Richtung und die nicht ganz ernst gemeinte Kilometerangabe erinnerte mal wieder an die

Weiten des Landes und die noch bevorstehende Zeit im Bus.

McDrive → 286 km

Hatte man keine Attraktion in der Stadt, schaffte man sich eben eine. Es kam noch besser. Zu bestaunen gab es nämlich außerdem noch einen kleinen Zoo, mitten im Nichts inmitten in Australien. Papageien – ok, die fliegen vielleicht auch einfach so da rum – Wallabies, Emus, Schlangen, und ein „Salty", ein Salzwasserkrokodil. Sauce, unser Guide, ließ sich kurzerhand ein paar Hähnchenschenkel geben – auch nur weil ich gegen die Leibspeise, „Deutsche", etwas einzuwenden hatte – und zeigte uns eindrucksvoll, dass mit diesen Tieren nicht zu spaßen ist.

Das Ziel dieses Tages waren aber ja die Quellen von Mataranka. Es ging also kurz darauf zurück in den Bus, die Plätze wurden eingenommen und irgendwie die nächsten hundertfünfzig Kilometer hinter sich gebracht. Sauce gab alles, um uns bei Laune zu halten. Dieses Mal ließ er eine Reihe von Scherzanrufen aus dem australischen Radio ablaufen. Zwar verstand ich nicht alles, es lenkte mich aber durchaus für eine Weile von der erneut am Bus vorbeiziehenden, Fototapete ab. Und wenn ich mich dann doch mal auf die Landschaft konzentrierte, dann nur weil es zur Abwechslung mal wirklich etwas zu sehen gab. Brennende Büsche, Rauchschwaden und verkohlte Baumstümpfe. Was in den Sommermonaten verheerend ist, war zu der Zeit, im Juli, gewollt. Im

Winter wird Buschland kontrolliert abgebrannt, damit die Flammen bei möglichen Buschbränden im Sommer unzureichend Nahrung finden, um sich weiter auszubreiten. Bei der Gelegenheit erzählte Sauce uns von einem Vogel, der sich brennende Büsche zu Nutze macht. Der *Firehawk* sammelt kleine, noch schwelende Äste auf und lässt sie unter Umständen einige hundert Meter weiter in noch nicht verbranntes, trockenes Gras fallen. Das Gras entzündet sich und Insekten und kleine Reptilien werden geröstet. Sollten sie dem Feuer entkommen können, laufen sie ihrem Jäger direkt in die Fänge.

Es war nicht die einzige Tiergeschichte, die wir von den Guides zu hören bekamen. Ich weiß jetzt zum Beispiel, dass Termiten niemals auf oder an ihrem Hügel zu finden sind. Sie würden an der Sonne verbrennen. Schlangen können ebenso einen Sonnenbrand bekommen, es gibt Enten die Suizid begehen, wenn der Partner ums Leben kommt und Ameisen, deren grüner Hinterleib nach Limone schmeckt.

Von all diesen Geschichten abgelenkt, erreichten wir schließlich, ohne großes Murren über die Busfahrt, unser nächstes Ziel. Wir stiegen aus dem Bus aus und wurden zu allererst erschlagen. Die Lufttemperatur war wieder locker über dreißig Grad. Ein Bad kam also jetzt gerade recht. Der einzige Weg, der jetzt noch zurückgelegt werden musste, war ein fünf minütiger Spaziergang durch einen Palmenwald und schon war man an den Quellen angekommen. Völlig von

Besuchern überfüllt, kam nicht gerade ein Gefühl der Idylle auf, trotzdem war auch dieses Erlebnis wieder etwas Besonderes. Für mich gab es aber auch noch eine Premiere. Meine in Sydney erworbene Kamera war unterwassertauglich und musste selbstverständlich jetzt mal ausprobiert werden. Es war schon etwas komisch wenn man doch sonst immer darauf bedacht war, dass eine Kamera kein Wasser abbekommt. Sollte ich jetzt einfach mit der Kamera ins Wasser gehen können? Ich brauchte wirklich ein, zwei Minuten bis ich mich traute. All meinen Mut zum Risiko zusammengenommen, tauchte ich die Kamera unter — es funktionierte. Wäre auch blöd gewesen wenn nicht.

Trotz der touristischen Überfüllung und selbstverständlich nachdem ich mich mit meiner Kamera vertraut gemacht hatte, konnte ich ein wenig entspannen. Ich glitt langsam zu einer Seite des Beckens, lehnte mich zurück an die Steinwand, holte tief Luft und schloss die Augen. Als ich die Augen wieder öffnete und ein Wallabie im Gebüsch rumhüpfen sah, dachte ich wieder, dass es einem echt schlechter gehen konnte. Ich drehte meinen Kopf, guckte neben mir an den Steinen entlang und holte erneut tief Luft. Dieses Mal aber um sie vor Schreck anzuhalten. Nicht nur wir Zweibeiner, sondern auch Achtbeiner konnten an diesem Ort hervorragend entspannen. Beim genauen Hinsehen sah man dann auch über sich und auf der anderen Seite des Beckens hier und da Netze gespannt und Spinnen sitzen. Vielleicht war es etwas naiv gewesen zu glauben, dass an so einem Ort keines dieser Viecher zu finden war. Es sollte an diesem Tag auch nicht die letzte tierische Begegnung sein. Nachdem alle genug entspannt hatten, die Achtbeiner ausgenommen, ging es, man sollte es kaum glauben, zurück in den Bus. Eine letzte Etappe zu unserem Nachtlager war noch zurückzulegen. Irgendwie mussten aber ja auch die tausendsechshundert Kilometer von Alice Springs nach Darwin überbrückt werden. Zudem kam mal ein Abstecher Richtung Westen und mal einer Richtung Osten. Die nach drei Tagen zurückgelegte Strecke sollte letztlich weitaus länger sein als die eigentliche Entfernung.

Pünktlich zum Sonnenuntergang kamen wir in unserem Camp an. Natürlich, wie sollte es anders sein, mitten im Nichts. Was wir vorfanden war das Gleiche wie in den vorherigen Camps auch. Vier-Mann-Hütten, ein großes Zelt mit Kochgelegenheit, draußen eine Lagerfeuerstelle und ein wunderbarer Sternenhimmel als es schließlich dunkel war. Nur eine Sache fehlte. Es gab keine Swags, um die Nacht im Freien zu verbringen. Da aber einige von uns, zumindest zunächst, draußen schlafen wollten, um die Sternschnuppen zu zählen, fragten wir Sauce, ob wir nicht die Matratzen aus den Hütten nach draußen legen könnten.

„Klar", antwortete er, „wenn ihr wollt könnt ihr das machen".

Wir hatten aber noch eine Frage. Da die Temperaturen inzwischen auch nachts sommerlich waren, befürchteten wir, dass doch jetzt auch das ein oder andere Reptil den Weg zu uns finden könnte.

„Wie sieht es mit Schlangen und so aus?", fragte ich.

Wieder antwortete Sauce typisch australisch, gewohnt locker:
„Klar, die könnten kommen!"

Spätestens nachdem die ersten Kröten um unsere Füße hopsten entschieden wir uns schließlich doch in den Hütten zu schlafen.

Mit Sicherheit nicht die falscheste Entscheidung, wie ich einige Tage später erfahren sollte, als ich Leute traf, die im Kakadu-Nationalpark eine Nacht im Freien verbrachten. Erstmal hatten sie extreme Probleme mit Moskitos und als sie nachts aufwachten stand ein Dingo unmittelbar neben ihnen. Wer weiß, was sonst noch so alles um sie herum kreuchte.

Außer das Schnarchen eines Tour-Teilnehmers in der Nebenhütte hielt uns in der Nacht nichts vom Schlafen ab. Ausgeschlafen ging es am nächsten Morgen, dreimal darf man raten, mit dem Bus auf die letzte Tagesetappe nach Darwin.

Es dauerte nicht lange bis wir an der Katherine Gorge ankamen und noch einmal eine kleine Wanderung machten. Das heißt, wir konnten uns aussuchen, was wir machen wollten. Entweder nahmen wir teil an einer Bootstour durch die Schlucht oder konnten uns in ein Kanu setzen und selber paddeln – unter anderem an Krokodilfallen vorbei – oder aber wir gaben kein weiteres Geld aus und wanderten auf einem kleinen Rundweg mit fantastischem Ausblick oberhalb der Schlucht entlang.

Auch unsere Freundinnen aus China wurden gefragt. Das heißt sie sollten gefragt werden. Problem war jedoch, die, die kein Wort Englisch sprach, fehlte. Sauce hatte auf einmal seine gewohnt ruhige Art abgelegt und machte sich auf die Suche. Nur, wo konnte sie sein? Es gab ein Restaurant, wo sie aber nicht war. Außerdem gab es ein kleines Museum mit Informationen rund um die Katherine Gorge. Auch da steckte sie nicht. Um es kurz zu machen. Sie saß im Souvenirladen, den es natürlich auch hier gab. Warum? Sie hatte einen PC entdeckt. Zudem war scheinbar W-Lan vorhanden und sie beschäftigt. Was anderes wollte sie auch nicht mehr machen. Weder in ein Boot oder Kanu steigen, noch eine Runde gehen.

„Bei uns in China haben wir nicht die Möglichkeit so Touren zu machen.", erklärte die andere Chinesin, „Deswegen kennen wir sowas gar nicht."

„Hmm, lass mich kurz überlegen, dann habt ihr jetzt die Gelegenheit dazu", dachte ich, „Ich geb euch auch eine Flasche Wasser".

Lediglich die eine ließ sich auf eine kleine Wanderung ein. Mit dabei immer ihre Handtasche mit goldenen Schnallen, inklusive Regenschirm, und eine Jacke, die sie nicht an, sondern immer nur mit der Kapuze über dem Kopf hängen hatte – bei dreißig Grad im Schatten.

Ich schloss mich einem jungen norwegischen Pärchen an, die auch froh waren, sich mal anderthalb Stunden die Beine zu vertreten. Der Blick von oben auf die Schlucht und die umliegende Landschaft war erneut atemberaubend. Inmitten der Natur, mit Wallabies, weghuschenden Schlangen und dem australischen Vogel überhaupt, dem Kookaburra.

Nach der Wanderung trafen wir uns alle wieder, standen mit ein paar Leuten in einer Runde zusammen und erzählten von unseren jeweiligen Touren. Die Eindrücke der letzten Stunden rückten aber ganz schnell in den Hintergrund als eine von uns einen kleinen Schritt zurückmachte und im letzten Moment den vermeintlichen Stock als Schlange identifizierte. Um welche Schlange es sich auch immer handelte, sicherheitshalber gingen wir alle einen Schritt zurück und warteten auf den Snake-Catcher, der gerufen wurde und dieses Mal auch kam.

Wir aßen noch zu Mittag und fuhren dann weiter zu einem letzten Highlight. Jeder freute sich noch auf ein abschließendes Bad in einem See. Für diese letzte längere Etappe hatte Sauce noch ein Ass im Ärmel. Er kündigte ein Quiz an, was uns in nächster Zeit beschäftigte. Im Bus wurden drei Gruppen gebildet, Zettel raus gekramt und gespannt auf die Fragen gewartet.

Sauce fragte unter anderem nach den Wappentieren Australiens, nach den höchsten Bergen Australiens, Deutschlands und Englands, und schließlich auch nach der Länge der Streifen auf der Straße. Ich merkte an in meiner Gruppe an, dass sie wesentlich länger seien als sie aussehen. Sie seien mindestens zwei Meter lang, wenn nicht sogar noch mehr. Mein Vorschlag führte in meiner Gruppe zu allgemeinem Erstaunen. Alle waren der Meinung, die Streifen hätten vielleicht eine Länge von achtzig Zentimetern. Ich versuchte weiter zu überzeugen, konnte die Länge der Streifen aber lediglich auf einen Meter verlängern. Während meine Gruppe weitere Fragen beantwortete, tat ich den Rest des Quiz´ alles dafür, die anderen noch umzustimmen. Ich guckte auf die Tachonadel und sah dass sie bei hundert km/h zitterte, rechnete die Geschwindigkeit in Meter pro Sekunde um, zählte die Streifen, die pro Sekunde unter dem Bus verschwanden, machte ein Foto aus der Windschutzscheibe heraus, schätzte das Verhältnis von Streifen und Zwischenräumen ab und kam schließlich auf rund drei Meter. Ich wollte es noch einmal versuchen und erläuterte zunächst dem Norweger, der auch in meiner Gruppe war, meine Rechnung. Er fand die Erklärung plausibel, schätze selber noch einmal die pro Sekunde unter dem Bus verschwindenden Streifen ab, gab die Rechnungen in sein Handy ein und kam auf zwei-Komma-acht Meter.

Ihn hatte ich also im Boot. Jetzt fehlten noch sechs andere. Als dann alle Fragen gestellt waren und wir noch ein paar Minuten hatten, um die Fragen noch einmal durchzugehen, versuchte ich erneut die Gruppe von meinem deutschen Ingenieursdenken zu überzeugen. Letztendlich vergeblich, sie einigten sich auf ganze anderthalb Meter.

Die Zettel wurden innerhalb der Gruppen ausgetauscht und nach und nach bewertet. Schließlich kamen wir zu „meiner" Frage. Die Punkte bekam die Gruppe, die am nächsten dran war, mit der Antwort: Zwei Meter. Sauce hielt den Bus am Rand der Fahrbahn an und je langsamer das Fahrzeug wurde, desto länger wurden die Streifen. Er stieg aus, stellte sich vor einen Streifen und machte drei große Schritte um zum anderen Ende zu gelangen.

Schlagartig kam mir aus meiner Gruppe ein riesen Schwall von Entschuldigungen entgegen. Nutzte alles nichts, die Punkte waren weg. Zum Glück reichte es für uns am Ende doch noch. Nach Auflösung aller Fragen standen wir als Sieger fest und bevor ich mir jetzt selber noch mehr Honig ums Maul schmiere. Alleine hätte ich nicht gewonnen.

Die Abkühlung, die uns kurz darauf in einem See erwartete, hatten wir uns alle redlich verdient. Jetzt mussten nur noch die geringen Wassertemperaturen überwunden werden. Und da hatte Sally, eine Australierin, einen Tipp, den ich im Anschluss nur bestätigen konnte. Sobald man den Kopf unter Wasser hat und sich dieser abkühlt, ist das kalte Wasser für den Rest des Körpers kein Problem mehr. Zumindest kein so großes mehr. Ein Tipp den ich mir merkte und der später auf der Tour erneut Anwendung fand.

Dieses kühle Bad in dem wunderbar klaren See war das letzte landschaftliche Highlight dieses dreitägigen Tourabschnitts. Auf dem restlichen Weg nach Darwin waren wir alle von den vergangenen Tagen geschafft. Jeden Tag die langen Busfahrten, Wanderungen bei dreißig Grad, atemberaubende Natur mit Ausblicken über unendliche Weiten, Anblicken von unfassbaren Felsformationen und Einblicken in die Flora und Fauna Australiens. Wir schliefen nach und nach alle ein, legten den Kopf auf die Schulter des Sitznachbarn – man hatte sich inzwischen daran gewöhnt – und erreichten bei Sonnenuntergang die größte Stadt des „Top-Ends", Darwin.

Zur Abwechslung musste man jetzt nochmal in einem Hostel einchecken und nachdem das jeder in den unterschiedlichsten Hostels gemacht hatte, trafen wir uns mit der kompletten Gruppe in einer Bar und ließen die letzten drei Tage in gemütlicher Runde mit gemeinsamem Abendessen ausklingen.

Teil 3

Am nächsten Morgen standen noch zwei Tage Kakadu-Nationalpark vor mir. Früh morgens wurde ich wieder am Hostel abgeholt. Bevor es jedoch losging, musste ich erneut erst einmal wieder vertrauen. Da der Bus, mit dem wir nun zwei Tage unterwegs waren, nur einen begrenzten Stauraum für unser Gepäck aufwies, musste ich meinen großen Rucksack im Hostel in einen Container einschließen. Ich füllte ein Formular aus, bekam ein kleines Zettelchen und ließ den überwiegenden Teil meiner Klamotten, inklusive Laptop, zurück. Es blieb mir aber ja auch nichts anderes übrig, ich konnte nur eine kleine Tasche mitnehmen. Gedanklich kurz mit den Schultern gezuckt: „Na dann soll es wohl so sein.", und schon wurde ich in den nächsten Bus verfrachtet. Dieses Mal handelte es sich um einen allradbetriebenen Bus für unwegsames Gelände und durchaus auch für Flussdurchfahrten. Dementsprechend gefedert und gepolstert waren die Achsen und Sitze. Wie sich aber später herausstellte, nutzte entsprechendes im echten Gelände nicht wirklich viel.

Ich saß also wieder in einem Bus und ich hatte zum wiederholten Male keine unerhebliche Strecke vor mir. Es ging zunächst in die *wetlands* des australischen Nordens und tags drauf dann in den Kakadu-Nationalpark. Es warteten also erneut wilde Tiere und traumhafte Landschaften auf mich. Das erste Foto des Tages aber machte ich vor einer Tankstelle. Das Schild, welches den Namen des Ortes trug, war wieder eines der überflüssigen Dinge, die man fotografieren musste. Der Ort hieß: „Humpty Doo".

Das Programm war also eigentlich ähnlich zu dem der letzten Tage in Australiens rotem Zentrum. Ebenso war auch diese Reisegruppe wie die fünf Tage zuvor, mit Leuten aus Norwegen, Kanada, Estland, China, Australien und mir als einzigem Deutschen, international aufgestellt und trotzdem war dieser Tag etwas ganz Besonderes. Ich hatte es kaum noch für möglich gehalten, schließlich aber war der Tag doch noch gekommen. Am einhundert achtundvierzigsten Tag, dreizehn Tage vor Abflug nach Deutschland, auf dem Weg in den Kakadu-Nationalpark sprach ich tatsächlich das erste Mal in Australien einen ganzen Tag lang kein einziges deutsches Wort. Wann immer zuvor, jeden Tag hatte ich mindestens einmal einen Satz oder auch mal fünf Minuten mit einem Deutschen gesprochen. Es waren eindeutig zu viele Deutsche in Australien. Und wenn es kein Deutscher war, dann war es der Sitznachbar im Indian-Pacific aus der Schweiz. Jetzt aber waren zum Glück keine um mich herum. Wo ging jedoch ausgerechnet die nun folgende Tagestour hin? In den Nationalpark mit dem schönen deutschen Namen „Kakadu". Doch Entwarnung kam schnell. Mit Kakadu sind natürlich nicht die Vögel gemeint. Der Name des Nationalparks entstammt der in der Region gesprochenen Sprache der Eingeborenen, die „Gagadju" hieß. Es sah zwar deutsch aus, war es aber nicht. Damit konnte ich leben.

Den ersten Stopp machte der Bus dann in den wetlands. Die Angst, dass aus anderen Besucherbussen doch noch deutschsprachige Menschen aussteigen könnten war schnell verflogen. Aus dem einfachen Grund, dass eine andere Gefahr nun stets lauerte. Zumindest theoretisch, wie man uns sagte. Wir stiegen aus und die erste Ansage, die unser neuer Guide machte war eindeutig:

„Wir sind hier in den wetlands. Egal wo wir in den nächsten zwei Tagen sind, haltet IMMER mindestens zwei Meter Abstand vom Ufer. Überall könnten sich Krokodile im Wasser aufhalten und die schnappen nach allem was sich bewegt!"

„Okaaaayy", was wäre ich froh gewesen, wenn es sich nur um Deutsche gehandelt hätte, die aus dem Wasser springen würden. Wie gut, dass wir gerade an einer Stelle standen, die scheinbar eher zufällig nicht überflutet war und daher eine kleine Halbinsel formte. Nach rechts, nach links und nach vorne waren gefühlte zweieinhalb Meter bis zum Ufer und ab da erst einmal nichts als Wasser.

„Und behaltet IMMER das Wasser und vor allem das Ufer im Auge!"

„Easy going" dachte ich. In Deutschland hatte ich auch noch keinen Verkehrsunfall, „no worries". Es passierte auch nichts. Kurz darauf, als wir wieder zurück zum Bus gingen, kamen wir aber noch an zwei leeren

Schildkrötenpanzern vorbei. Die hatten wohl weniger als zwei Meter Abstand gehalten.

Wir fuhren noch eine ganze Weile durch eine Landschaft mit riesigen Gras- und Schilfflächen. An einigen Stellen blitzte das Wasser durch und es gab eine Unmenge an Vögeln zu sehen. Große, kleine, schwarze, weiße, mit kleinen Köpfen, mit großen Schnäbeln, und und und. Wie sie alle hießen, ich weiß es nicht. Dass der Anblick aber etwas Besonderes war, unterstrich unser Guide mit einem langgezogenen „aaaaawwwweeesooome".

Mit der Zeit hatte ich genug Vögel gesehen. Was jetzt noch fehlte waren Krokodile und zu denen fuhren wir nun. Auf einer neunzig minütigen Bootsfahrt durch die wetlands kamen wir den Echsen ganz nah. Immer wieder trieben wir mit dem Boot bis an ein Ufer, an dem seelenruhig eines der Urzeittiere rastete. Durch das Boot geschützt, waren wir nur wenige Meter von wildlebenden Krokodilen entfernt. Eventuellem Leichtsinn der Touristen wurde natürlich wieder vorgebeugt. Der Bootsführer hatte zu Anfang zwei klare Ansagen gemacht:

„Steht niemals auf, wenn ich es nicht erlaube. Wenn das Boot noch fährt, liegt ihr schneller im Wasser als ihr glaubt!" und „Haltet eure Arme immer innerhalb des Bootes. Die Krokodile können sich auch aus dem Wasser hochkatapultieren!".

Man tat lieber was der Gute sagte. Mit seiner jahrzehntelangen Erfahrung wusste er aber nicht nur genau, wie man sich zu verhalten hatte, er wusste auch genau, wo sich welches Krokodil versteckte. Immer wieder steuerte er, mit dem Hinweis gleich wieder ein Exemplar sehen zu können, zielsicher scheinbar verlassene Uferabschnitte an. Sah man die Tiere, lagen oft nur noch wenige Meter zwischen ihnen und dem Boot.

Er wies auf ein Nest von Adlern hin, welches dann auch zu sehen war, erklärte den Grund, warum die Schlangenhalsvögel mit ausgebreiteten Flügeln auf den Bäumen sitzen (um ihr Gefieder zu trocknen), erzählte interessante Dinge über Pflanzen ,wie zum Beispiel die Lotuspflanze an der wir vorbeiglitten, und setzte uns nach anderthalb Stunden wieder unversehrt am Anlegeplatz ab.

Mit diesen Eindrücken ging es langsam aber sicher wieder in eine etwas trockenere Umgebung bis wir schließlich eine Art Eingangstor aus zwei großen Tafeln, rechts und links der Straße, mit der Aufschrift „KAKADU NATIONAL PARK – WORLD HERITAGE AREA" passierten.
Wir waren angekommen in einem der schönsten Nationalparks Australiens und genossen zunächst einmal beim gemütlichen Mittagessen das Klima mit seiner Jahresdurchschnittstemperatur von vierunddreißig Grad Celsius.

Frisch gestärkt wurden die Teller gewaschen und wieder im Bus verstaut. Bevor es aber zurück in selbigen ging, gab es noch einen kleinen Nachtisch. Ich sah nur noch wie unser Guide Daumen und Zeigefinger zu seinem Mund führte, daran leckte und dann so tat, als werfe er etwas weg.

„Fantastisch, diese Ameisen sind so lecker!", rief er.

Ähh...wie bitte?

„Du hast nicht wirklich grad ´ne Ameise gegessen?", fragte ich. „Du willst uns doch verarschen."

„Gegessen nicht, nur abgeleckt, sie schmecken nach Limette!", erwiderte er.

Er nahm sich noch eine, leckte sie ab und schmiss sie wieder weg. Tatsache, er hatte definitiv an einer Ameise geleckt und forderte uns jetzt auf, es auch zu probieren. Ich war mir unsicher, aber um es herauszufinden, ob sie wirklich nach Limette schmeckten, musste ich es machen. „Wer weiß, wer schon an dieser Ameise geleckt hatte", dachte ich. Ich nahm mir ein Herz, wohlwissend, dass ich auch vier Monate Studentenwohnheim überlebt hatte, und probierte es. Eine Ameise zu packen, ohne sie zu töten war gar nicht so einfach. Es gelang mir schließlich und als ich sie ableckte war ich trotz der Vorwarnung verblüfft. Es brannte ein wenig auf der Zunge, aber es schmeckte eindeutig nach Limette. Ich musste gleich noch eine zweite probieren.

Wir fuhren weiter und erfuhren an unserem nächsten Ziel mehr über die Geschichte des Kakadu-Nationalparks. Vielmehr erfuhren wir mehr über die Geschichte der hier heimischen Ureinwohner, die noch heute dort leben. Es ist einfach unvorstellbar, seit welch langer Zeit Menschen in und mit dieser Natur leben. Ich bestaunte alte Felsmalereien, die bis zu zwanzigtausend Jahre alt sein sollen und bis in unsere Zeit von den ersten Menschen des Kontinents zeugen, las die entsprechenden Interpretationen auf Schautafeln und bemerkte dann, dass uralte Geschichte und Moderne bedingungslos aufeinandertrafen. Teilweise standen die Leute mit ihren i-pads vor den Felsen und fotografierten die Malereien ab. Fotoapparat, Digitalkamera meinetwegen, dazu gehörte ich auch. Aber mit Tablet-PCs durch den Nationalpark laufen und damit Fotos machen? Ich bitte euch! Das war mir dann doch etwas zu „futouristisch".

Ob Fotoapparat oder i-Pad, am Ende ist es ein und das Selbe, Daten auf einer Platte. Klar, ist eine super Sache, wenn man dann zu Hause ist, und die Malereien direkt auf der Festplatte abrufbar sind. Wirklich? Immer wieder? In hundert Jahren weiß wahrscheinlich kaum noch einer was mit Festplatten anzufangen. Womöglich gibt es dann auch keine Tablet-PCs mehr und die Aufnahmen von damals, 2012, im Kakadu-Nationalpark sind weg. Jedenfalls die in der Digitalversion. Die Originale sind dann zwanzigtausend und einhundert Jahre alt und hoffentlich immer noch da.

Genug geträumt, der Weg ging an den Felsmalereien vorbei und wurde immer steiniger. Man musste ein wenig klettern. Es war also von Vorteil die Hände frei zu haben und trotzdem waren sie wieder da, die i-Pads. Noch erstaunlicher war, dass es sich bei den Besitzern meist um Menschen handelte, die ohnehin schon genug mit sich herumzuschleppen hatten. Warum also auch noch so ein Ding in der Hand haben? Vielleicht um die wunderbare Aussicht über die Weiten des Nationalparks festzuhalten, die man zweifelsohne auf dem Plateau hatte. Aber wie gesagt: Fotoapparat!?

Die folgende Nacht verbrachten wir auf einem ganz normalen Campingplatz, der wesentlich weitläufiger war als die anderen Camps. Neben Wohnwagen und Zelten waren auch wieder die üblichen Hütten da, die es für uns als organisierte Tour gab. Dass wir auch in den Hütten schlafen würden, war uns spätestens klar, als wir wieder die erste Kröte an uns vorbeihüpfen sahen und durch das erste Spinnennetz gelaufen waren. Und obwohl auf dem Gelände weit mehr Lichtquellen waren, als noch in den Camps zuvor, war der Sternenhimmel erneut atemberaubend. Zusammen mit Sally, stand ich eine ganze Weile da und legte den Kopf in den Nacken. Nach einigen Minuten gingen wir dann zusammen in Richtung der Sanitäreinrichtungen, die wie erwähnt auf diesem Campingplatz etwas weiter entfernt waren. Den Blick stets nach oben gerichtet, bahnten wir uns zwischen Zelten, Bäumen und Wohnwagen den Weg zu den Waschräumen, merkten uns aber selbigen nicht. Auffallen tat uns das aber erst als wir wieder auf dem vermeintlichen Rückweg waren. Auf halber Strecke entschieden wir uns, zum Waschraum umzukehren und uns komplett neu auf den Weg zu machen. Im zweiten Versuch gelang es, doch ich würde lügen, wenn ich behaupte, wir hätten uns nun an den Sternen orientiert.

Es hieß noch einmal Kraft zu sammeln für einen letzten anstrengenden Tag auf der Abenteuertour. Anstrengend zum einen, weil wir noch einmal ein gutes Stück zu Fuß zurücklegten und zum anderen, weil wir zwischendurch im Bus kaum eine Möglichkeit hatten zu schlafen. Selbst wenn man es wollte, ließen es die Wege über die wir fuhren nicht zu. Teilweise kämpfte sich der Bus im Schritttempo über Sandpisten und durch Schlaglöcher, sodass man ordentlich hin und her geschüttelt wurde und an schlafen ganz und gar nicht zu denken war. Wir fuhren immer weiter in die Tiefen des Kakadu-Nationalparks hinein und mussten schließlich einen Fluss durchqueren. Bevor wir dies taten, stiegen wir alle noch einmal kurz aus und sahen uns die nähere Umgebung an. Viel mehr war nicht drin, da wir umgehend weiter fahren würden, nicht verloren gehen wollten und uns auch nur noch wenige Meter vom Fluss trennten. Was das hieß, wussten wir spätestens nach unserer Bootstour. Vorsichtshalber wurde man aber auch noch ein weiteres Mal mit Hilfe eines großen Schildes darauf hingewiesen. Ein Bildchen mit einem Krokodil, eines mit einem schwimmenden Strichmännchen – natürlich durchgestrichen – und eines mit beiden Protagonisten, was zeigte was passiert, wenn man sich nicht daran hält. Also schnell in den Bus...ahh, nein, stopp!! Das Schild musste natürlich noch fotografiert werden. Danach konnte es dann zurück in den Bus gehen.

Es ging durch den Fluss, kurz darauf zunächst zu Fuß weiter, dann eine Strecke mit einem Boot durch eine traumhafte Schlucht, wieder ein Stück zu Fuß und wir waren an den *Twin Falls* angekommen. Freunde, die vorher diese Tour mitgemacht hatten, hatten mir erzählt, dass es ein Muss ist, zu einem Wasserfall zu schwimmen. Die Szenerie war auch sehr einladend. Ein kleiner Sandstrand, im Hintergrund die beiden niederprasselnden Wasserfälle und leises Vogelgezwitscher. Eine Sache trübte den Eindruck. Ein Schild wies erneut auf Urzeitechsen hin. Während ich die Landschaft wenigstens auf Bildern festhalten wollte und am Strand hockte, tippte mir unser Guide auf die Schulter:
„Komm mal lieber ein, zwei Meter weiter zurück!"

Diesen Wasserfall konnten meine Freunde nicht gemeint haben.

Es war der Nächste oder besser gesagt die Nächsten, die *Jim-Jim-Falls*. Das Landschaftsbild war ähnlich, mit dem kleinen Unterschied, dass das Becken, in das die Fälle hinunterfielen durch riesige Felsen vom sonstigen Flusslauf abgetrennt war. Scheinbar genug, um sicher zu sein, dass hier kein Schild aufgestellt werden musste.

Die Worte meiner Freunde waren:

„Egal wie kalt das Wasser ist, du musst zu diesem Wasserfall hinschwimmen! Wenn du es nicht tust, wirst du es bereuen!"

Die eine Seite der Schlucht, auf der erneut ein kleiner Strand zu finden war, war sonnendurchflutet und es war sehr warm. So schlimm konnte das mit dem Wasser nicht sein. Ich setzte den ersten Fuß ins Wasser und wusste direkt, dass es tatsächlich schlimm sein kann. Ich erinnerte mich an Sally und tauchte den Kopf unter Wasser. Es war besser, aber immer noch sehr kalt. Du musst unter den Wasserfall kommen, dachte ich immer wieder. Bevor man wirklich hinschwimmen konnte, musste man sich zunächst aber noch an den Felswänden entlang hangeln und über weitere Felsbarrieren klettern. Schließlich waren diese Hürden bewältigt und ich stand wieder davor ins Wasser zu gehen. Dieses Mal aber konnte ich erstens aufgrund der Felsen nicht langsam ins Wasser gehen und zweitens lag dieser Teil der Schlucht komplett im Schatten. Viele andere waren einen Schritt weiter und bereits auf dem Weg. „Du wirst es bereuen", schwirrte mir immer im Kopf herum und ließ mich schließlich ins Wasser springen. Es waren vielleicht sechzig, siebzig Meter. Irgendwie sollte ich die schon überwinden können. Das Wasser, was die Felsen herabstürzte schien nicht viel zu sein. Trotzdem entstand dadurch ein zügiger Wind und kleine Wellen erschwerten das Hinschwimmen. Nach einigen Minuten, gefühlten

Stunden, war ich angekommen. Das herabstürzende Wasser war weitaus mehr, als man gedacht hätte. Es prasselte förmlich auf einen ein. Nach kurzem Luftholen hatte ich noch den Rückweg vor mir, der einerseits einfacher war, weil man sich ein wenig treiben lassen konnte, andererseits aber schwieriger, weil es definitiv nicht wärmer wurde. Die letzte Hürde waren wieder die Felsen und jetzt merkte ich das eigentliche Problem des kalten Wassers. So richtig wollten die Beine beim Klettern nicht mitmachen. Im Schneckentempo legte ich die letzten Meter zurück und wusste, ich würde nichts bereuen.

Was jetzt noch anstand war der Rückweg zum Bus und die Rückfahrt nach Darwin. Die wenig gemütliche Rückbank mit inbegriffen. Wir hatten noch ein gutes Stück zurückzulegen, sodass wir auch das eine oder andere Mal einen Zwischenstopp machten. Es war der einhundert neunundvierzigste Tag und der zweite an dem ich kein deutsch sprechen sollte. Was mir allerdings nicht erspart blieb, deutsch zu hören. Wo man auch immer Halt machte, auch Deutsche tankten, kauften sich ein Eis oder waren einfach nur da.

So ganz konnte aber auch ich nicht den Touristen in mir verbergen. Wir gingen in ein Roadhouse und ich bestellte mir drei Dosen Bier, um sie abends in gemütlicher Runde zu trinken. Bevor ich irgendetwas sagen konnte, hatte der „Redneck" hinter der Theke schon zwei geöffnet. Ich stammelte vor mich hin, dass ich sie doch gar nicht jetzt trinken wollte.

„Wenn man hier Bier bestellt, dann nur weil man es hier trinken will!" fauchte er mir entgegen.

„Wohooo, easy going.", dachte ich.

Etwas widerwillig nahm er eine Dose zurück und stellte mir eine weitere geschlossene auf den Tresen. Die zweite Offene trank ich lieber schon mal. Nicht ohne mich zu bedanken, wünschte ich ihm noch einen schönen Tag und verschwand besser.

Deutlich nach Sonnenuntergang erreichten wir wieder unseren Ausgangspunkt und trafen uns zum Abschluss wieder mit ein paar Leuten zum Abendessen. Lange dauerte der Abend nicht. Für mich sollte es bereits vor Sonnenaufgang weiter nach Cairns gehen. Zusammen mit einem norwegischen Pärchen fuhr ich um 4:45 Uhr zum Flughafen. Während meiner Vorbereitungen auf die gesamte Tour hatte ich im Internet immer mal geschaut wie weit die Hostels jeweils vom Flughafen entfernt sind. Ich hatte es für möglich gehalten, den Flughafen Darwin zur Not auch zu Fuß erreichen zu können. Als wir dann aber dreißig Dollar für eine fünfzehn-minütige Fahrt ausgaben, war ich froh das Taxi genommen zu haben. Die Fahrt dauerte so lange, dass wir an zwei McDonald´s-Filialen vorbeikamen. Wobei ich da zugeben muss, dass das kein Argument ist. In anderen Städten braucht man dafür fünf Minuten...zu Fuß.

Es standen die üblichen Prozeduren am Flughafen an. Fluglinie suchen, zum richtigen Check-In-Schalter gehen, Ticket vorzeigen. Ebenso folgte die bekannte Belehrung der Mitarbeiterin bezüglich der Handgepäcksbestimmungen. Zumindest dachte ich, dass es sich um das übliche Bla-bla handelte. Im Nachhinein war mir aber klar, dass es nicht so war.

Ich ging durch die Sicherheitskontrolle. Alles schien noch normal zu sein. Auf einem Flug innerhalb Australiens waren auch Kosmetikartikel größer 100 ml erlaubt. So ließ man mich also auch bei dieser Kontrolle durch. Ab jetzt wurde es aber anders. Das Gate wohin ich nun gehen musste war im internationalen Terminal und laut Wegweisern wartete noch eine weitere Sicherheitskontrolle auf mich. Dort angekommen stellte ich mich erstmal dumm, was mir und auch einigen anderen Passagieren, die genauso überrascht waren wie ich, nicht half. Die Tube Gel, mit ihren 150 ml, wurde mir abgenommen, die Zahnpasta, 100 ml, durfte ich behalten. Jetzt war mir klar, dass das übliche Bla-bla am Check-In-Schalter doch nicht dem üblichen Bla-bla entsprach. Man wollte mich darauf aufmerksam machen, dass es sich – aus welchem Grund auch immer – um einen internationalen Flug handelte… von Darwin, Australien, nach Cairns, Australien.

Schließlich stellte sich heraus, dass der Flug von Südostasien kommend in Darwin zwischengelandet war und ich wieder etwas gelernt hatte.

Um 6:20 Uhr hob mein Flieger schließlich gen Osten ab und ich wurde früh am Morgen mit einem traumhaften Sonnenaufgang für die Strapazen der letzten Stunden entschädigt.

Die Tour (Teil 3)
Mitten im Regenwald

Knappe drei Stunden nachdem ich in Darwin abgehoben war, landete ich von Regenwäldern umgeben in Cairns, meinem letzten Etappenort bevor es nochmal zurück zur Sunshine Coast ging. Ganze fünf Tage sollte ich nun in Cairns und Umgebung sein. Eine ziemlich lange Zeit für einen Ort. Selbstverständlich waren auch für diese Tage bereits Pläne gemacht. Der erste Tag war aber wirklich zum Entspannen gedacht. Ich erkundete die Stadt, erfreute mich an McDonald´s und dem dort verfügbaren W-Lan und feierte im Hostel einen ganz persönlichen Erfolg. Von einer, am Akzent ihres Englisch unzweifelhaft erkennbaren, Deutschen angesprochen, antwortete auch ich in Englisch. Womöglich dachte auch sie:

„Was für ein Idiot. Merkt, dass ich aus Deutschland komme und antwortet extra auch auf Englisch."

Ich begann die Deutschen zu verstehen, die bei meiner Ankunft in Australien genauso gehandelt hatten, wie ich jetzt.

Zwei Tage hatte ich es durchgehalten, am Abend dann erwischte es auch mich wieder. Es waren einfach zu viele Deutsche im Hostel, die schließlich erkannten, dass auch ich einer von ihnen war. Zum Glück hielt ich mich zunächst mal nur diesen einen Abend im Hostel auf. Die nächsten zwei Tage war ich wieder auf Tour. Es ging nördlich von Cairns in den *Daintree Rainforest*.

Neue Tour, neuer Guide, neue Gruppe. Aber all das kannte ich ja schon zu genüge und so machte ich es mir im kleinen Bus gemütlich. Die Strecke, die wir zurücklegen mussten, war wesentlich kürzer als die Strecken im Outback in der Woche zuvor. Zudem war die Landschaft nicht mehr so kahl und der Guide erzählte uns viele, interessante Dinge über die Flora und Fauna des Regenwaldes und die Geschichte im Allgemeinen. Den ersten Halt machten wir in einem kleinen Tierpark und ich merkte, wie ich mich gar nicht mehr so richtig für die Tiere begeistern konnte. Die fehlende Begeisterung lag aber weniger an den Tieren selber als vielmehr daran, dass die Tiere gefangen waren. Schlangen, Krokodile, Kängurus, Pelikane, Emus, Wallabies, Loris und und und. Alle hatte ich schon in freier Wildbahn gesehen und war jetzt von einem Zoo wenig begeistert. Es war einfach nicht das Gleiche. Ehrlich gesagt war es ein Zoo schlichtweg nicht wert!

Beim nächsten Tagesziel war es wieder die freie Natur. Und doch war es nichts, was ich nicht schon kannte. Wir stiegen in ein Boot und fuhren über das Flussdelta des *Daintree Rivers*, um Krokodile zu beobachten. Irgendwie kam es mir vor, als wäre es nicht allzu lange her gewesen, dass ich so etwas schon einmal gemacht hatte. Trotzdem war es wieder eindrucksvoll. Es war nicht die Tatsache an sich. Es war eine andere Art von Krokodilen, die auch wesentlich zahlreicher zu sehen waren. Dazu in einer Umgebung, die verglichen mit der Tour zuvor wieder komplett anders war. Wir fuhren durch dichte Wälder, Mangroven zierten das Ufer und sobald der Fluss etwas breiter wurde, sah man die leicht bergige Landschaft des Regenwaldes des Nordostens Australiens. Ich beschloss die Kamera wegzulegen und die Bootsfahrt einfach mal zu genießen. Ich fing langsam an meine gesamte Reise zu reflektieren und war schon jetzt beeindruckt, was ich rückblickend erlebt hatte. Aber noch war die Tour ja nicht zu Ende. Es gab schließlich doch noch etwas Neues.

Im Anschluss an die Bootstour machten wir einen Spaziergang durch den Regenwald und hofften in dem Fall aber, dass uns kein größeres Tier in freier Wildbahn entgegen kommen würde. Was unter Umständen in dieser Gegend im Wald lauern könnte sind Cassaworries, große Laufvögel, deren Klauen tödlich sein können. Unser Guide nahm vorsichtshalber einen Stock mit, zum einen, um sich im Fall des Falles vor dem Vogel aufzubauen und größer zu wirken und zum anderen, weil er meinte, dass man ohnehin niemals ohne Stock durch einen Regenwald gehen dürfe. Er hatte Recht, er brauchte ihn. Und wenn es auch nur dafür war, um auf eine extrem tückische Pflanze zu zeigen, die wenig später am Wegesrand stand. Dass er möglichst eine Stocklänge Abstand halten wollte, konnte ich nachvollziehen, nachdem er erzählte, dass eine Berührung mit dieser Pflanze wochenlang höllische Schmerzen nach sich zieht. Schön, dachte ich, und wo war mein Stock!?! Ich kam auch ohne Stock an der Pflanze vorbei und stand kurz darauf wieder verblüfft neben unserem Guide. Zielstrebig ging er auf eine Farnpflanze zu, klappte ein Blatt runter und zeigte mit dem Stock auf ein grasgrünes, etwa zehn Zentimeter langes, stabheuschreckenartiges Tier und sagte:

„Das ist das Pfefferminz-Insekt.“

Zwar hieß die Ameise im Kakadu-Nationalpark nicht Limettenameise, trotzdem war mir direkt klar, um was es sich jetzt hier wohl handelte. Dann hielt er ein größeres, abgerissenes Blatt eines Baumes hinter das Insekt, ärgerte es mit dem Stock bis es ein Sekret auf das Blatt sprühte und fragte nur noch:

„Wer möchte probieren?!“

Auch in diesem Fall konnte ich nur zustimmend nicken. Es war ohne Zweifel Pfefferminzgeschmack!

Nach diesem erneuten, kulinarischen Highlight hatten wir am *Cape Tribulation* eine dreiviertel Stunde für uns. Ich beschloss an dem Strand, an dem James Cook ungefähr zweihundertfünfzig Jahre zuvor strandete, entlang zu schlendern. Feinster Sandstrand, Mangroven zwischen denen lautlos Schmetterlinge umher flattern, sanfter Wellengang und die hügelige Landschaft des Regenwaldes, aus dem hier und da Wolken emporstiegen. Ich war mir sicher, es gab schlechtere Orte, an denen man hätte stranden können.

Neben mir hatten auch vier weitere Mitreisende eine Nacht im Regenwald gebucht. Wir wurden im Anschluss an den Besuch am Strand im Hostel abgesetzt und mussten uns im nahegelegenen Lebensmittelladen, oder besser Lebensmittellädchen, erst einmal um die Verpflegung für den Abend und den dann kommenden Morgen kümmern. Neben den beiden, wie sollte es auch anders sein, Deutschen, denen ich mich anschloss waren noch zwei Mädels aus Irland dabei. In diesem Fall war ich froh, deutsch zu reden, beziehungsweise deutsch zu hören. Ich war nun fünf Monate in Australien, froh wenn ich mal kein Deutsch hören musste aber jetzt völlig überfordert mit dem irischen Akzent. Nach einem einfachen Abendessen, gingen wir mit dem Gedanken, am nächsten Morgen einen sensationellen Sonnenaufgang am Strand zu erleben, relativ früh ins Bett. Zuvor hatte ich sicherheitshalber an der Rezeption gefragt, wann genau die Sonne aufgehen würde. Dabei wunderte ich mich, dass der Kerl am Empfang mit der Frage überfordert schien.

„Guck doch eben im Internet nach und gut ist.", dachte ich, bat ihn aber schließlich etwas freundlicher Entsprechendes zu tun. Er nannte mir eine Uhrzeit, doch wirklich überzeugt, schien er davon selber nicht. Ich kehrte zurück ins Haus, teilte den anderen die Neuigkeiten mit und dass sich der Typ komisch angestellt hatte und es machte sich das Gerücht breit, dass das Hostel gar kein Internet hatte. Ich weiß nicht, ob es ein Gerücht oder ob es eine Tatsache war. Fakt war aber, dass ich es mir gut vorstellen konnte, mitten im Regenwald.

Wir standen am nächsten morgen früh genug auf, spazierten im Dunkeln Richtung Küste, tasteten uns förmlich den Weg durch das Geäst, ließen die Warnhinweise bezüglich hier lebender Krokodile links liegen und kamen schließlich am Strand an. Es dämmerte inzwischen und am Horizont schimmerten einzelne helle Flecken durch die ansonsten dichte Wolkendecke. Einige Zeit später schien sich die Farbe zwischen den Wolken leicht ins rötliche zu verändern – ich bildete es mir zumindest ein – und plötzlich war es hell. Von der Sonne keine Spur. Wir schlenderten zurück zum Haus. Doch während sich die anderen nochmal hinlegten, erkundete ich die Anlage. Schließlich musste es laut Karte irgendwo einen Pool geben und den wollte ich mir wenigstens mal angeguckt haben. Gesäumt von hohen Bäumen schlängelte sich der Weg durch die Anlage und langsam aber sicher erwachten der Wald und all seine Tiere. Fast alle!

Das lauteste Geschrei kam nämlich von Flughunden, die sich nun massenhaft in die Wipfel hingen und schliefen. Erkennen tat ich sie erst beim zweiten Blick, vorher hatte ich schlichtweg große Früchte in der Baumkrone vermutet. Am Pool angekommen, legte ich mich auf eine Liege, schloss die Augen und schlummerte, umgeben von einer unvergleichlichen Geräuschkulisse ein. Als ich aufwachte, war es noch immer nicht wirklich heller geworden. Trotzdem beschloss ich erneut zum Strand zu gehen. Wenn ich schon einmal am Cape Tribulation war, wollte ich den Strand auch ein wenig genießen. Dass ich mich dann schließlich im Nieselregen an den Strand legte, tat meiner Stimmung keinen Abbruch. Die Temperaturen waren angenehm und ich konnte relaxen. Was wollte ich mehr?!

O.k., Sonne, aber auch die blitzte am späten Vormittag durch die Wolken durch und kurz darauf konnte man sogar von sonnigen Abschnitten sprechen. Ich wurde dafür belohnt, dass ich bei Regen in Richtung Strand aufgebrochen war. Die Belohnung war gleichzeitig aber auch eine Bestrafung dafür, dass ich aufgrund des Wetters an Sonnencreme gespart hatte. Um ehrlich zu sein sparte ich nicht nur, ich hatte die Sache mit dem Sonnenschutz komplett sein gelassen. Ich handelte mir meinen letzten Sonnenbrand in meiner Zeit in Australien ein – und war stolz darauf!

Als ich am späten Nachmittag, nach zwei Tagen am Cape Tribulation, wieder in Cairns ankam, brauchte ich dringendst Aprés-Sun. Mein erster Weg führte mich demnach in den Woolworth´s und kaum war ich dort angekommen, überkamen mich gleich Erinnerungen an die vier Monate Sunshine Coast und die Dienstage im Woolies. Noch nie zuvor in diesem Laden in Cairns gewesen, fühlte ich mich trotz allem auf Anhieb ein wenig heimisch. Die Obst- und Gemüseabteilung direkt hinter den Brotregalen am Eingang. Die Stände für die internationalen Spezialitäten an der Wursttheke, die

Truhe mit den günstigen Käseangeboten, die Kühlschränke mit den Milchpackungen und und und. Neben dem Aprés-Sun kaufte ich noch ein kleines Frühstück für den nächsten Morgen. An den wenigen Tagen in den Hostels waren es meist Muffins und eine Flasche Milch. Inzwischen waren es ja nur noch ein paar Tage,, an denen ich von der Hand in den Mund leben musste. Ich hatte einfach keine Lust, Sachen von mir in einen Kühlschrank mit siebenundvierzig anderen Taschen zu packen, geschweige denn mich in die Küche zu stellen und mir irgendetwas zu kochen, während zig andere Menschen um mich herumschwirrten. Ohnehin war ich am kommenden Tag schon wieder unterwegs.

Um acht Uhr ging es zum Hafen, um an einer Schnorchel Tour am Great Barrier Reef teilzunehmen. Knapp anderthalb Stunden waren wir mit dem Boot gefahren, als der Anker geschmissen wurde. Ein kurzes Briefing später warfen sich alle in den Neoprenanzug und sprangen nach und nach ins Wasser. Meine Kamera stets im Anschlag haltend glitt ich durch die Unterwasserwelt und hoffte auf spektakuläre Begegnungen. Und obwohl mir, im Gegensatz zu den Tauchern, die absoluten Highlights wie Wasserschild- kröten und Riffhaie verwehrt blieben, war es eine weitere tolle Erfahrung auf meiner Tour über den fünften Kontinent. Ich sah eine Vielzahl an Fischen, große wie kleine, machte Fotos von einem direkt vor mir schwimmenden, etwa ein Meter langen, Napoleon- fisch und fand Nemo in den Korallen. Ich wollte mir alles einmal aus der Nähe anschauen, holte tief Luft und tauchte ab. Jedenfalls versuchte ich es. Ich kam aus irgendeinem Grund gar nicht richtig runter. Im Gegenteil, ich wurde quasi wieder an die Oberfläche gezogen und war wenige Sekunden nach anhalten der Luft wieder zurück an selbiger. Zunächst einmal gab ich mich damit ab, dass ich nicht abtauchen konnte. Mit dem Gedanken, dass es vielleicht am Anzug lag schnorchelte ich weiter an der Wasseroberfläche und genoss die Unterwasserwelt. Bis, ja bis ein anderer Schnorchler unter mir hindurch tauchte – natürlich ebenfalls mit Neoprenanzug. Es schien doch nichts damit zu tun zu haben, jedenfalls nicht im Allgemeinen. Wohl aber mit meinem. Scheinbar war meiner ein kleines bisschen zu groß, sodass sich im oberen Rückenbereich eine Luftblase sammelte und diese mich einfach wieder an die Wasseroberfläche zog. Da hatte ich dann wohl einfach Pech gehabt.

Nach einem, an Bord servierten, Mittagessen ging das Boot an anderer Stelle ein weiteres Mal vor Anker und wir konnten erneut abtauchen. Wirklich Neues gab es aber nicht zu erspähen, sodass meine Faszination relativ schnell verflog und Erschöpfung wich. Schnorcheln war gar nicht mal so unanstrengend. Ich kletterte zurück aufs Schiff, entledigte mich meiner Schnorchelklamotten, zog etwas Trockenes an und machte es mir zunächst einmal unter Deck gemütlich. Lange hielt ich es aber nicht aus. Zum einen war der Raum extrem klimatisiert, also schlichtweg kalt, und zum anderen der Horizont durch den doch etwas heftigeren Wellengang kaum zu fixieren. Als die ersten um mich herum die Tüten in die Hand nahmen, flüchtete ich an Deck. Wobei flüchten nicht wirklich den Weg nach oben beschreibt. Es war eher ein Stolpern und Stürzen. Ich fühlte mich ein wenig wie die Kugel im Kugellabyrinth, welches von einem absoluten Grobmotoriker bedient wurde. Ich hatte Glück, ich fiel in kein Loch und setzte mich schließlich an Deck auf den Boden. Selbst auf dem Boden sitzend hatte man teilweise Schwierigkeiten das Gleichgewicht zu halten. Das Schaukeln war aber nun nicht das einzige Problem. Regelmäßig bekam man nun die Gischt ins Gesicht. Bei nur manchmal durch die Wolken brechender Sonne war das mit der Zeit alles andere als angenehm. Da hätte man auch unten in der Kühlbox sitzen bleiben können. Jetzt hatte man aber keine andere Wahl mehr. Man musste sich weiter berieseln lassen und darauf hoffen, dass die Sonne den Kampf gegen die Wolken gewinnen würde. Es dauerte ja auch nur noch rund anderthalb Stunden und natürlich ging auch diese Zeit rum.

Einen Tag hatte ich noch in Cairns und wollte diesen einfach ganz in Ruhe genießen. Am Abend zuvor hatte ich im Hostel erneut Leute in meinem Alter kennengelernt – die fand man einfach überall – und mich für den nächsten Tag mit ihnen verabredet. Wir gingen alle zusammen zur Lagune in Cairns. Eine Art Freibad, welches den fehlenden Strand vor Ort ersetzte. Bei dreißig Grad im Schatten hielt ich mich aber lieber genau dort auf. Die Folgen vom Cape Tribulation waren immer noch spürbar.

Zweifellos, ich konnte ein wenig Kraft sammeln. Schließlich stand eine Etappe noch bevor. Ich besuchte ein letztes Mal die Sunshine Coast.

Ein letztes Mal zur Sunshine Coast

Der letzte inneraustralische Flug brachte mich wieder zurück an die mittlere Ostküste des Landes. Für die letzten Tage in Australien hatte ich ein Zimmer in Brisbane. Ich hatte aber auch den Plan, mir ein Auto zu mieten und noch einmal hoch an die Sunshine Coast zu fahren. Ich musste mich schließlich noch gebührend von meinen dagebliebenen Freunden verabschieden.

Den ersten Tag aber verbrachte ich noch in Brisbane und während ich durch die Straßen ging, keimte zum ersten Mal so etwas wie Wehmut auf. Über fünf Monate war ich am anderen Ende der Welt gewesen und hatte jetzt lediglich noch vier Tage vor mir.

Vier Tage in denen ich das Leben in Australien noch ein letztes Mal in vollen Zügen genießen konnte. Zunächst einmal holte ich tags darauf das geliehene Auto ab und machte mich auf den Weg zur Sunshine Coast. Ich fühlte mich wohl, hatte ich doch in meinem „Mitsubishi Outlander" genügend Platz, um gemütlich über die Highways zu cruisen. Warum ich ein so großes Auto gemietet hatte? Ich wollte am Ende der Woche den Staffelstab des Auslandssemesters weitergeben und hatte Studenten aus Aachen, die ebenfalls ein Auslandssemester machen sollten, versprochen sie am Flughafen abzuholen. Wie ich damals, sollten auch sie mitten in der Nacht ankommen. Nur zu gut hatte ich meine eigene Ankunft in Australien noch in Erinnerung. Da wollte ich ihnen etwas Gutes tun. Ohnehin war es eine win-win-Situation. Sie kamen direkt vom Flughafen zum Studentenwohnheim, kamen günstiger weg als mit einem „Airport-shuttle" und ich hatte einen nicht unerheblichen Teil der Kosten wieder drin.

Ich war also auf dem Weg von Brisbane nach Sippy Downs. Rund achtzig Kilometer, die ich fast ausschließlich auf Highways zurückzulegen hatte. Was sich so schon langweilig anhört, wurde noch langweiliger als mich das erste Verkehrsschild an die maximale Höchstgeschwindigkeit erinnerte. Einhundert zehn Kilometer in der Stunde. Dass ich einen Automatikwagen hatte, machte die Sache nicht unbedingt kurzweiliger und dann war es mir nicht einmal vergönnt den linken Fuß, den ich nicht brauchte, aus dem Fenster zu halten, befand sich das Steuer doch auf der rechten Seite. Als ich dann auch noch den Tempomaten gefunden hatte, hatte ich große Sorgen kurz darauf einzuschlafen. Ich musste irgendetwas gegen die Langeweile tun, hatte ich doch nach wie vor noch dreiundsechzig Komma sieben Kilometer vor mir. Ich stellte den Tempomaten auf einhundert zehn, saugte mich im Windschatten an das vor mir fahrende Auto ran, beschleunigte um vier Km/h, indem ich mit dem Daumen am Lenkrad einen Knopf betätigte, scherte aus und überholte. Einen runden Kilometer später konnte ich wieder einscheren und hatte einen Platz gewonnen. Immerhin fühlte ich mich jetzt ein wenig wie in einem Rennwagen. Wenngleich das Prozedere eher einem Schnecken-rennen glich. Auf der Liste der Dinge, auf die ich mich in

Deutschland freuen würde, war ein Punkt dazu-gekommen:

Autobahnen!!

Nach einer Stunde hatte ich den Weg hinter mich gebracht. Ich war wieder zu Hause. Obwohl ich doch erst vier Tage später zurück nach Deutschland fliegen sollte, fühlte es sich tatsächlich ein bisschen so an. Ich war zurück an dem Ort wo ich vier Monate lang gewohnt und Freunde zurückgelassen hatte und nun selbige wiederbegrüßen konnte. Leute, die noch länger an der Uni studierten, einfach noch vor Ort waren oder aber ohnehin dort wohnten. Ich sammelte ein paar derer ein und fuhr mit ihnen durch die Gegend. Ein letztes Mal mit ein paar Freunden die Gegend erkunden. Abseits von Highways über Schotterpisten heizen und testen, was der Pseudogeländewagen so hergab. In dem Fall war ich froh, nicht in Deutschland unterwegs zu sein. Wir fuhren zusammen zur Uni und nutzten noch einmal die „Orientation week". Freies Barbecue, Hot-dogs, Getränke, alles was das Herz begehrte. Schließlich musste man ein letztes Mal wenigstens ein paar Dollar der Studiengebühren wieder reinholen.

Die Orientation week war aber auch bekannt für die Partys. Wenigstens jetzt musste ich diese Woche mitnehmen, hatte ich sie doch vor meinem Semester verpasst. Ein letztes Mal wurde gefeiert. Mit den üblichen Verdächtigen und auch mit neuen Studenten, die gerade in Australien angekommen waren und anfingen das Leben an der Sunshine Coast zu genießen. Es war zwar ein wenig Wehmut mit dabei zu wissen, dass man in ein paar Tagen wieder im heimischen Alltagstrott sein würde, dennoch merkte ich auch, dass ein weiteres Semester nicht mit dem Vergangenen zu vergleichen gewesen wäre. Es waren so viele Freunde, die nur für ein Semester da waren. Auch die Mehrzahl von denen, die jetzt noch vor Ort waren, sollte früher oder später nach Hause fahren und ich merkte, dass wieder ein ganz neues Kennenlernen auf einen zugekommen wäre. Es hätte einfach alles wieder von vorne angefangen.

Genau an diesem Anfang standen nun die Studenten, die ich in der kommenden Nacht am Flughafen abholte. Nach einem gemütlichen Abend auf der Terrasse von Freunden, machte ich mich gegen null Uhr auf den Weg zum Flughafen. Ich war schneller da als erwartet und suchte nun nach einem Parkplatz. Genauer muss ich sagen suchte ich nach einem einigermaßen günstigen Parkplatz. Mein erster Versuch in ein Parkhaus zu fahren wurde von der Preistafel, die neben der Schranke aufgestellt war gestoppt. Ich hatte noch eine knappe Stunde ehe die Jungs landen würden – entsprechend länger würde es dauern ehe sie durch die Kontrollen waren – und zum Glück kein Auto hinter mir. Ich setzte zurück, drehte nochmal eine Runde um den Flughafen, verfuhr mich cleverer weise kurzerhand und machte noch zwanzig Minuten Pause auf einem Seitenstreifen in der Nähe des Terminals. Schließlich fuhr ich wieder zum Parkhaus und hoffte es würde alles schnell über die Bühne gehen. Sehr lange dauerte es nicht. Insgesamt war ich eine knappe Stunde im Parkhaus, vielleicht auch ein paar Minuten länger, und trotzdem bezahlte ich siebzehn Dollar. Auch das war aber jetzt noch zu verkraften, hatten mir die letzten Monate in Australien doch nach und nach die „Was kostet die Welt?!"-Einstellung eingetrichtert.

Wir kamen gegen drei Uhr an der Studentenanlage an. Jetzt mussten die Neuankömmlinge nur noch in ihre Apartements. Diese Sache gestaltete sich dann tatsächlich ein wenig schwieriger. Kaum zwei Stunden auf australischem Boden lernten die Jungs die australische Mentalität kennen. Das Management wusste, dass sie mitten in der Nacht ankommen würden. Die Klingel überhörten sie aber. Was tun?! Sie wandten sich an den Securitytypen der gegen- überliegenden Anlage, welcher versprach den Manager mal auf dem Mobiltelefon anzurufen. Wir warteten. Auch ich wartete, hatte ich doch darauf spekuliert, bei einem der Jungs, im frisch bezogenen Apartment, die restliche Nacht zu verbringen. Der Securitykerl kam rüber und sagte, dass er niemanden erreicht hatte, er ginge nicht ans Telefon. Während ich ihn verstand, guckten mich die vier nur mit riesigen Fragezeichen im Gesicht an und ich übersetzte. Rückblickend hatte ich doch mehr gelernt als ich zwischendurch für möglich gehalten hatte. Ich konnte jetzt mit dem Akzent umgehen. Wenigstens etwas.

Aber auch für die anderen war der Akzent in dem Moment das kleinere Problem. Sie wollten doch einfach nur ihre Zimmer haben. Nachdem wir uns dann über den Zaun Zutritt verschafft hatten, konnten wir auch den Manager aus dem Schlaf klopfen. Alle bekamen ihre Zimmer, auch ich durfte die Nacht drinnen verbringen und meine letzten zwei Tage in Australien waren angebrochen.

Ich drehte noch einmal eine Runde durch Mooloolaba, verabschiedete mich vom Strand, fuhr ein letztes Mal zum Woolies, sagte Freunden auf Wiedersehen und fuhr zurück nach Brisbane. Zurück in die Stadt, in der das Abenteuer Australien angefangen hatte. Ich brachte das Auto zurück und spazierte am Brisbane-River entlang. Erinnerungen gingen durch meinen Kopf und ich merkte, dass ich selbigen immer wieder unweigerlich hin und her schüttelte.

Unfassbar, dachte ich. Unfassbar, dass die Zeit des Auslandssemesters jetzt schon wieder Geschichte war. Vom Gefühl her war es doch erst letzte Woche, vielleicht letzten Monat gewesen, als ich am anderen Ende der Welt ankam. Aber so war es ganz und gar nicht. Es waren tatsächlich über fünf Monate, genau genommen einhundert sechzig Tage, vergangen und ich schüttelte ein weiteres Mal den Kopf. Unfassbar!

Ich weiß nicht wie oft der Kopf an diesem und dem folgenden, letzten Tag noch hin und her ging, immer wieder erwischte ich mich selber dabei, dass es in

Gedanken an mein Auslandssemester passierte. Meine Gedanken brachten mich noch einmal auf den Campus und in die Gebäude der Universität. Ich ging zwischen zwei Vorlesungen über die Wiese und schaute zwei weghüpfenden Kängurus hinterher, lag am Pool meiner Wohnanlage und fuhr zusammen mit meinen Freunden an den Strand. Dann machten meine Gedanken einen kleinen Zeitsprung und schon war ich bei meiner abschließenden Tour angekommen. Ich stand vor der Oper in Sydney, flog nach Alice, schnorchelte in Cairns und schüttelte wieder den Kopf…

„Was machst du denn hier?"

...Dieses Mal jedoch ganz bewusst.

Meine Tour ging kreuz und quer durch Australien. Von Süd nach Nord, von Ost nach West, auf einem Kontinent, der fast zweiundzwanzig Mal so groß ist wie Deutschland und überall traf ich bekannte Gesichter. Am ersten Tag in Sydney war es noch abgesprochen, als ich mich mit einigen Deutschen traf. Als ich dann aber eine gute Woche später frisch in Alice Springs angekommen war und mit meinen Zimmerkollegen in ein Pub ging, staunte ich Bauklötze, als ich völlig ohne Vorahnung einen Kumpel aus dem *Varsity*, der Studentenanlage, traf.

„Michael?"... „Daniel?"... „Ist jetzt nicht wahr!?"

Da war ich mitten im Nichts, in allen Himmelsrichtungen umgeben von tausenden Kilometern Outback, und wen trifft man? Nen deutschen Studienkollegen. Naja, Zufall, kann ja mal passieren.

Zwei Tage später auf der Tour nach Darwin saß ich, nachdem ich meinen Namen und Wohnort in die Teilnehmerliste eingetragen hatte, morgens früh nichtsahnend im Bus als eine Mitreisende reinkam und mich fragte: „Bist du Daniel aus Aachen?"...

„Äähh, ja!"...

„Ja, dein Gesicht kommt mir irgendwie bekannt vor."…

„Oookaaayy?!"

So wirklich einordnen konnte sie mich aber auch nicht…noch nicht.

Wir kamen ins Gespräch und ich erwähnte, dass ich an der Sunshine Coast studiert hatte. „Jo, ich auch!", antwortete sie und kurz drauf registrierten wir beide, dass wir den gleichen Freundeskreis hatten. Sie konnte mich jetzt langsam aber sicher einordnen, ich hatte wenn überhaupt nur vage Vermutungen. Bis ich ihr eines Abends Bilder von den letzten Parties an der Sunshine Coast zeigte. Ich klickte durch die Bilder und tataaaaa, da war auch sie. „Hey, du bist auf meinen Bildern, ich glaub wir kennen uns!" Nun konnte auch ich sie einordnen.

In Darwin selber trafen wir dann, ausnahmsweise völlig absichtlich, noch einen gemeinsamen Freund. Unabsichtlich liefen mir zudem aber noch zwei Dänen, die ich auf der Uluru-Tour kennengelernt hatte, und zwei Tage später, an meinem letzten Abend in Darwin eine französische Freundin über den Weg. Vielmehr lief sie mir nicht über den Weg, sie stand vor der Bar, in der ich saß und zu Abend aß. Keine fünf Meter von ihr entfernt, erkannte ich sie aber, geblendet durch eine helle Leuchtreklame, nicht gleich. Auch sie schien unsicher. Wer konnte auch ernsthaft damit rechnen, dass man sich weit entfernt von der Uni über den Weg läuft. Als wir beide beim wiederholten Blickkontakt

lächelten, waren wir uns beide sicher. „Chloé/Daniel…
was machst du denn hier?"

Wie schade, dass ich schon am nächsten Morgen nach
Cairns fliegen sollte, dachte ich. Wenn man schon mal
am gleichen Ort ist, hätte man ja auch was zusammen
machen können. Als ich es erwähnte, meinte sie nur:
„Ich flieg übermorgen, dann können wir ja dort was
trinken gehen."

Scheinbar machten alle die gleiche Tour. Auch die
beiden Dänen waren nach Cairns geflogen. Ich rechnete
ab sofort mit allem.

Zwei Tage nachdem wir uns dann also doch noch
einmal trafen, machte ich mich um sieben Uhr morgens
auf den Weg zu meiner letzten Etappe. Ich packte
meine Sachen, ging im Hostel die Treppe runter
und…natürlich.

„Janina, das glaub ich jetzt nicht. Was machst du denn
hier?"

Sie war eine der vier Deutschen, mit denen ich mich in
Sydney getroffen hatte und nun saß sie in Cairns auf
der Couch und wartete auf den Bus, der sie zum Cape
Tribulation bringen sollte. Der Bus kam an, der Guide
stieg aus und ich sah, dass es der Gleiche war, mit dem
ich drei Tage zuvor auf der gleichen Tour war. Es
absolvierte irgendwie wirklich jeder die gleiche Route.
Zwar wartete ich fünf Monate vergebens darauf, dass
mir jemand aus meiner Heimat über den Weg laufen

sollte, aber die „Zufälle", die jetzt passierten, waren nicht weniger verblüffend. Die letzte Woche klang bei den Freunden an der Uni aus und ich machte mich auf den Rückweg nach Deutschland. Ich checkte in Brisbane am Flughafen ein und konnte es rückblickend nicht fassen. Da war ich quasi in ganz Australien unterwegs und traf fast überall bekannte Gesichter.

Sydney, Alice Springs, Darwin, Cairns...

„Chris, was machst du denn hier?"

„Ich flieg mit Emirates um zwanzig Uhr fünfundvierzig über Dubai zurück nach Deutschland."

„Ich auch!"

...und Brisbane!

Wieder zu Hause

Irgendwann geht aber auch mal die schönste Zeit vorbei und nach einem gemeinsamen Bier mit Chris, am Flughafen in Dubai, hatte ich auch die allerletzte Etappe des Auslandssemesters hinter mich gebracht. Ich war wieder in Deutschland angekommen, merkte aber in der ersten Zeit, dass ich mich doch mehr als erwartet an Australien gewöhnt hatte.

Leuten, die mir auf der Straße entgegenkamen wich ich instinktiv nach links statt rechts aus. Obwohl kein Griff dran wollte ich ebenso beim Bäcker durch die linke Tür hinein. Und als ich dann drinnen war, wollte ich die Verkäuferin gleich mit einem lockeren „How´re you doin?!" begrüßen, konnte es mir aber so grade noch verkneifen. Es waren diese allgemeinen Floskeln wie das Begrüßen und Verabschieden, diese kurzen Smalltalks, die einem auf Dauer in dem knappen halben Jahr auf den Zeiger gegangen waren, die man aber jetzt doch tatsächlich vermisste.

Oft wurde ich von Leuten, die mich das erste Mal wiedersahen gefragt, wie es denn wäre wieder zurück zu sein. Ob es nicht komisch sei. Ob ich mich denn wieder eingelebt hätte. Immer antwortete ich dann, dass es ganz und gar nicht komisch ist wieder in Deutschland zu sein. Alles war ganz normal, es war mir noch immer sehr vertraut. Der Straßenverkehr war reine Gewohnheit, rechts zu fahren, dazu mit einem Schaltwagen ging ganz von alleine. Handgriffe, die ich ein halbes Jahr nicht gemacht hatte waren verinnerlicht. Lichtschalter fand ich ohne hinzusehen, Türen drückte ich dosiert zu, sodass sie gerade ins Schloss fielen, nicht aber zuknallten und auch die Fernbedienung konnte ich noch blind bedienen.

Das Komische war, und das sagte ich auch allen Leuten, dass ich eben nicht mehr dort war. Der Gedanke, dass ich zum einen wenige Tage zuvor noch auf der anderen Seite der Erdkugel war und zum anderen die einhundert einundsechzig Tage so schnell vorbei waren, war ein Gefühl, dass mich mal wieder mit dem Kopf schütteln ließ. Immer wieder wurde ich in die Zeit zurück versetzt. Ich nahm Gerüche wahr, die ich nicht hundert prozentig zuordnen konnte, wovon ich aber genau wusste, dass sie mich an Australien erinnerten. Ich hörte die Vögel mit ihrem vertrauten, ruhigen, mitteleuropäischen Singsang und vermisste zum ersten Mal das Gekrächze, welches mir oft genug auf die Nerven gegangen war. Am Bankautomaten wunderte ich mich über die „komischen" Scheine, die ausgespuckt wurden, auf dem Sofa sitzend vermisste ich die täglichen Rugby-Übertragungen und verzwei-felte stattdessen am sich selbst übertreffenden nachmittäglichen Schwachsinn deutscher Fernseh-unterhaltung und spätestens als ich mich in die Sonne setzte und damit rechnete mich zwanzig Minuten später im Schatten zu befinden, wurde mir klar, dass ich wieder zu Hause war. Zu Hause auf der Nordhalbkugel der Erde. Nicht nur im Straßenverkehr fuhr man auf der rechten Seite und wich nach rechts aus. Nein, sogar die Sonne wanderte hier wieder nach rechts.

In dem Fall fiel mir ein Vorteil von Deutschland auf. Hier kann man sich ohne weiteres zehn Minuten zu lange in der Sonne aufhalten, ohne dass es zu einem größeren Problem werden könnte. Die gegenteilige Erfahrung hatte sich nicht nur in meinem Kopf eingebrannt.

Auf der einen Seite war alles wieder beim Alten. Auf der anderen Seite aber merkte ich, dass sich doch die eine oder andere Sache verändert hatte. Ich freute mich, wenn ich englisch reden konnte, verspürte mehr als jemals zuvor die Lust zu Reisen, Freunde auf der ganzen Welt zu besuchen und freundete mich immer mehr mit dem Gedanken an, weitere Male Zeit im Ausland zu verbringen.

Während des Studiums oder später im Beruf.

Zum Schluss möchte ich eins nicht vergessen.

Ich möchte allen danken, die mir in irgendeiner Weise zur Seite standen.

Zunächst einmal den Menschen, die mir das Auslandssemester überhaupt erst ermöglicht haben.

Dabei natürlich insbesondere meinen Eltern, ohne die all das nicht annähernd realisierbar gewesen wäre, meiner Schwester *Julia*, die die beste Schwester der Welt ist und auch der übrigen Familie, die mich zu dem gemacht hat, was ich heute bin.

Des Weiteren geht der Dank an meine Freunde, die vor, während und auch nach dem Auslandsaufenthalt an meiner Seite waren und immer noch sind.

Selbstverständlich danke ich ebenso all den Menschen, die die Zeit des Auslandsaufenthaltes zu dem machten, was es war.

Ebenso geht der Dank an *Cathrin Schumacher*, meine erste Test- und Korrekturleserin (nach wie vor gehen alle Fehler auf meine Kappe), und an jene, die mich auf die Idee brachten aus dem Blog ein Buch zu machen. Da sage ich vor allem danke an *Ina Haid*, die schon während des Blogs ein aufmerksamer Leser gewesen war und mich dadurch zu mehr ansporte. Danke an *Daniela Ernst*, die auf meiner Rundreise die Anfänge meines Schreibens mitbekam und mich bis zuletzt in meinem Vorhaben stärkte.

Ein Vorhaben, das zwischenzeitlich auch mal auf Eis lag, durch interessierte und motivierende Personen aber wieder neu angegangen wurde. Da geht der Dank in ganz besonderer Weise an *Charlotte Stashik*.

Nicht zuletzt möchte ich auch *Silvia Shala* danken, die mir bei der Erstellung des Covers zur Seite stand.

Einen aber habe ich jetzt noch nicht genannt, der ohne Zweifel in dieser Aufzählung nicht fehlen darf.

Ich danke auch Dir!!

Ein weiterer Leser mehr, den ich bei Beginn des Schreibens nicht erwartet hatte.

DANKE!